AF332553

Félix & Eugène LARCHER

PANTOMIMES

DE

PAUL LEGRAND

PARIS

LIBRAIRIE THÉATRALE

Rue de Grammont, 14

PANTOMIMES

Imprimerie générale de Châtillon-sur-Seine. — A. Pichat.

PANTOMIMES

DE

PAUL LEGRAND

PAR

FÉLIX ET EUGÈNE LARCHER

PARIS

LIBRAIRIE THÉATRALE

14, RUE DE GRAMMONT, 14

—

1887

PRÉFACE

Au début de sa *Physiologie du Mariage*, Balzac raconte gaiement l'obsession à laquelle il a été en proie, jusqu'au jour où l'étude qu'il projetait sous ce titre lui sembla enfin prête à sortir de son cerveau.

Toute proportion gardée, je viens de passer par les mêmes tourments, depuis le moment où j'eus la pensée de faire précéder les pantomimes de Paul Legrand, que nous présentons aujourd'hui au public, d'une esquisse critique et historique sur cette branche de l'art théâtral. Après avoir vainement essayé de chasser l'idée qui,

fugitive et vague tout d'abord, s'implantait peu
à peu dans ma tête à l'état d'idée fixe, je renon-
çai enfin à lutter : j'obéis au démon de la pantomime, et me voilà, cherchant, furetant, plon-
geant dans les bibliothèques, afin de trouver
les éléments de mon travail.

Hélas ! au bout de dix pas, je m'aperçus que
j'avais trop présumé de mes forces et surtout
que le temps manquerait à mon entreprise :
« La physique, où ça se trouve-t-il ? demande
un naïf valet de comédie. — Partout, et nulle
part, lui répond son jeune maître ! » Il en est
de même de la pantomime et de son histoire.
Les documents sont épars de ci, de là, dix lignes chez celui-ci, dix pages chez cet autre,
c'est tout, et c'est assez pour qui voit devant lui
plusieurs années de travail tranquille et mûri.
Mais moi ! J'étais sous presse ! Je n'étais pas am-
bitieux pourtant : je me serais contenté d'une
monographie sur le sujet et, modestement, j'en
aurais été le vulgarisateur. Mais je n'avais pas
même cette ressource. Du moins je ne trou-
vais pas.

Tout à coup, une idée, que dis-je, une inspiration d'en haut, vint me ranimer. Il y a, pensai-je, un homme, un maître en l'art de bien dire, un artiste ciseleur de rimes, qui connaît la question ! Il ne refusera pas à un humble débutant le peloton de fil qui le guidera dans ce dédale !

Et j'allai trouver Théodore de Banville, qui m'arrêta dès les premiers mots :

— La pantomime ! mais rien qu'à vous parler de Déburau, qui fut le Napoléon de cet art, nous en aurions pour sept ans !

— Ce serait un peu long, et d'ailleurs je ne voudrais pas me borner à parler de Déburau, en tête d'un volume dans lequel nous éditons quelques pantomimes de Paul Legrand. Je désirerais faire, à la course, l'histoire de cet art.

— L'histoire de la pantomime ! ! ! Mais alors, mon cher monsieur, c'est l'histoire de l'humanité que vous voulez faire : il aurait fallu commencer à vingt ans, et il n'est pas sûr que vous ayez fini à soixante

J'étais un peu désarçonné. Cependant, je ne me décourageai pas.

— Mon Dieu ! repris-je, mon intention n'est pas d'entreprendre, dans une préface, une aussi longue besogne. Je désirerais seulement condenser en quelques pages les travaux qui ont été faits sur la matière.

— *Il n'y en a pas*, me répondit le maître.

J'étais fixé. Nous échangeâmes quelques réflexions qui se retrouveront plus loin et je sortis en me disant: « Décidément, il en est de l'histoire de la pantomime, comme de l'histoire de France : il faut l'écrire en cent volumes ou en un seul ! »

Et je n'ai que quelques pages à mon service !

Voilà pourquoi on ne doit pas s'attendre à trouver ici, même une esquisse raisonnée de *l'histoire* de la pantomime. Qu'on veuille donc bien prendre cette préface pour ce qu'elle est: une simple causerie sur un art, charmant et profond tout à la fois, causerie dans laquelle je me suis efforcé de réunir sans prétention quelques renseignements sur les personnages

de la pantomine et sur cet art aujourd'hui oublié.

*
* *

M. Saint-Marc-Girardin a écrit quelque part :
« La pantomime est un art qui n'a pas de
caractère national. » Si l'on entend par là que
la pantomime met en scène des personnages
n'appartenant à aucune époque, à aucune ré-
gion précises, cela est vrai. Cassandre, Arlequin, Colombine, Pierrot, sont des types géné-
raux : ils personnifient des vices, des qualités
ou des états passionnels de l'homme. En ce sens,
il est donc permis d'ajouter que la pantomime
est un art *classique* par excellence. Incomplet
par sa nature même — puisqu'il lui manque la
parole — ses manifestations sont cependant des
plus élevées, et ceci est la conséquence de cela.

En effet, qu'est-ce que la pantomime? Si
nous demandons une définition à l'étymologie,
nous trouvons que c'est l'art de *tout* exprimer
par les gestes. Or, il s'en faut que la mimique

puisse réellement *tout* exprimer. Art synthéti-
que avant tout — puisqu'il est privé de l'instrument d'analyse — le domaine des idées précises lui est interdit : il ne se meut à son aise
que dans celui des idées générales. Il ne peut
donc montrer à nos yeux un amoureux, un
vieillard, une jeune fille spécialement détermi-
nés, mais au contraire l'éternel amoureux, l'é-
ternel vieillard, l'éternel féminin. A ce point de
vue, la pantomime, considérée en elle-même,
nous apparaît comme un art plus profond qu'il
ne semble au premier abord.

Mais ces personnages qu'elle a créés, est-il
vrai qu'ils n'aient jamais eu qu'un caractère de
généralité absolue? Il s'en faut. En quittant
la terre natale, ils se sont déformés — ou trans-
formés — pour se plier aux mœurs, aux idées
des nations qui les adoptaient. Ils ont emprunté
au génie de chacune d'elles des traits particu-
liers. Ils ont compris, avant Darwin, que l'a-
daptation au milieu dans lequel on vit, est une
condition nécessaire d'existence, et en traver-
sant la France, l'Allemagne, l'Angleterre, Arle-

quin, Pierrot, Polichinelle, Pantalon, se sont faits Français, Allemands, et Anglais. Quelques-uns même, ont obtenu chez nous des lettres de grande naturalisation : j'ai nommé Arlequin et Pierrot.

D'où vient-il ce bel Arlequin au costume bariolé, à l'allure fringante ? Leste, agile, gracieux, spirituel, aimable et, sous son masque noir, mystérieux comme l'amour qu'il inspire aux Colombines et aux Isabelles, il est aujourd'hui chez nous la *Jeunesse* et l'*Amour*. Les Colombines, les Isabelles l'aiment, non seulement parce que tout révèle en lui la jeunesse, mais encore et surtout, parce qu'il possède l'attrait d'un mystère à pénétrer. Comme Psyché, elles brûlent de voir le visage du bel inconnu, qui, sans doute, leur révélera des choses qu'elles ignorent. Leur affection est faite d'une curiosité insatiable : elles ne seraient pas femmes, si elles n'aimaient pas l'amour.

Pourquoi donc l'ont-elles méconnu si longtemps ? Pourquoi lui ont-elles préféré tour à tour, Léandre, Lélio, voire Scapin et même Pierrot ?

C'est qu'autrefois, il était bien différent de ce que nous l'avons fait, nous autres Français. A l'origine en effet, il se confond avec... Polichinelle! — Est-il possible? Avec ce grotesque? — Hélas, oui! Du moins, les érudits l'affirment, et nous le montrent, en Grèce, sous la figure d'un satyre barbu ou non barbu, vêtu d'une peau de bête exactement collée au corps, portant un masque de teinte brune, coiffé d'un petit chapeau noir ou blanc et maniant une baguette. C'est alors un bouffon, *Maccô,* qui représente le rustre athénien, d'une gaîté naïve et finaude à la fois; il y ajoute la grossièreté native du paysan. Nous le retrouvons à Rome sous le nom de *Maccus.* Il y paraît alors, barbouillé de suie, la tête rase, et portant un vêtement multicolore.

Voilà bien l'ancêtre d'Arlequin. Mais une figurine de bronze, retrouvée aux environs de Naples, nous montre, sous le nom de Maccus, un personnage au nez crochu, bossu par derrière, et dont il est souvent question dans les farces atellanes. C'est Polichinelle. Il joue, dans les levers de rideau de l'époque, appelés alors les *jeux osques*; car Maccus, pour les Latins, est né chez les Osques, renommés pour leurs bons mots et leurs piquantes saillies, et le bredouillement caractéristique du personnage n'est, paraît-il, qu'un reste d'accent provincial dont il n'a pas pu ou voulu se défaire. A Rome, il est le type de la hâblerie, de la fatuité en amour, de la dépravation cynique.

Plus tard, il prend le nom de *Sannio*, mot qui signifie bas comique, et il est permis de penser que le nom familier de *Zanni* que les Italiens donnent à Arlequin en procède directement. Quel que soit son nom, Maccô, Maccus, ou Sannio, on reconnaît bien ici l'ancêtre de l'Arlequin et du Polichinelle. Il se dédouble plus tard, et pour créer Arlequin, les Italiens, qui possédaient déjà le personnage dans leurs traditions, n'ont eu besoin que de lui ajouter la baguette et le chapeau du *Macco* grec.

Il court plusieurs légendes sur la naissance de l'Arlequin moderne. Quelques-unes me pasraissent douteuses, et la plus touchante est trop connue pour être rappelée ici. Sous ce nou-

a.

vel avatar, Arlequin, malheureusement, reste
un bouffon bas, impudent comme Polichinelle
son frère, gourmand comme lui et poltron par
dessus le marché. Mais, soyez sans crainte, il
coule du sang athénien dans ses veines, et lorsque, sous les auspices de Mazarin, il pénétrera
à la Cour de France, il dépouillera son enveloppe de rustre ; il gardera son agilité primitive,
mais il remplacera les grossières plaisanteries
par des saillies aimables ; il deviendra spirituel
avec naïveté, comme il convient à un descendant
de la pure Attique. Alors, il est choyé, fêté,
adopté par l'esprit français qui le reconnait pour
sien. Marivaux, Florian, s'en emparent. Ce dernier surtout, qui écrit à une époque de bergerie
et de sensiblerie, arrive à en faire un bon époux,
un bon père, et je dirais presque, un bon garde
national. Profanation ! Chez Florian, Arlequin
prend du ventre ! Heureusement pour notre hé-
ros, on laisse à l'auteur la responsabilité de ces
maladroites tentatives, et pour nous désormais,
il reste le type achevé que j'ai dépeint tout à
l'heure.

Poursuis ta carrière, aimable fantôme de l'éternelle jeunesse et de l'éternel amour. Laisse à ton frère Polichinelle la goinfrerie et l'ivrognerie, l'impudence et le cynisme et que vos deux existences servent d'exemple aux enfants qui ne sont pas sages. Tandis que tu t'es amendé, corrigé, purifié, et que tu finis dans une apothéose, lui, l'incorrigible, il va échouer sur les tréteaux infimes des marionnettes, ou bien, châtiment plus honteux encore, personnifier chez les Allemands, sous le nom de *Hanswurst* (Jean Boudin), la balourdise et la voracité. Les peuples n'ont que les fantoches qu'ils méritent.

* *
*

En quoi donc avons-nous mérité Pierrot? Car je l'avoue, la fortune de ce pâle et malfaisant personnage a de quoi surprendre un esprit français. Ayant adopté Arlequin, n'avons-nous accueilli Pierrot qu'en vertu d'une loi mystérieuse des contrastes? Car enfin, il n'est pas gaulois, ce valet niais, ingénu et bavard, et il n'a rien fait pour le devenir, au contraire. D'où sort-il cet enfariné ? Nul ne le sait. Nous le voyons à l'origine, valet d'un Pantalon, époux heureux de Colombine qui a jeté l'incendie dans le cœur du timide Arlequin, dont il se moque conjointement avec sa moitié. Arlequin à ce moment, n'est déjà plus le rustique que nous avons connu. Il court à travers la pièce comme un jeune chat et un enfant étourdi ; comme Chérubin, et avant lui, il est amoureux tout bas, mais ses regards ne s'élèvent pas jusqu'à Isabelle : ils s'arrêtent à Colombine, la camériste qu'il peut contempler à son aise à l'office du seigneur Pantalon. Et Colombine lui préfère Pierrot, ce sinistre à face de traître qui finira mal, je vous le prédis ! Eh bien ! voilà qui me gâte Colombine. Je lui en veux de laisser ce pauvre Arlequin se morfondre au clair de la lune et supplier *son ami* Pierrot de lui rendre un léger service. Son ami ! Ce fourbe qui passe son temps à lui faire des niches ! Pauvre et cher Arlequin !

Mais enfin, qu'a-t-il donc de si séduisant ce

Pierrot? On ne sait ce qu'il pense ; aucune émotion ne paraît sur son masque de plâtre. Je ne m'y fierais pas ; en le voyant passer, effacé et sournois, dans la pièce, je pressens qu'il a en germe tous les vices.

En effet, attendez un peu, et le jour où un artiste de génie s'en empare, il se révèle enfin tel qu'il est, effronté et cynique comme Polichinelle, poltron comme Gille, gourmand comme l'était Arlequin jadis, et enfin voleur ! Toujours au service de Pantalon — devenu Cassandre en France, — il le sert en le dérobant, et lâchement, il l'aide à persécuter Arlequin et Colombine, qui l'a enfin quitté, sans doute édifiée sur son compte.

Il passe désormais isolé et solitaire ; il n'a plus ni femme, ni maîtresse ; et si, d'aventure, on lui en donne une, soyez sûr qu'il la tuera : demandez à Richepin et à Paul Margueritte. Au milieu des péripéties qu'il traverse, battant, battu, il n'a qu'une convoitise : voler le pâté qu'il a entrevu à la cuisine ; il le guette sournoisement, comme un chat surveille une crême, en paraissant sommeiller ; et quand l'occasion se présentera, il volera le pâté et s'attablera sans souci et sans remords, indifférent à tout le reste.

Et voilà le personnage que Paris a acclamé et couronné de gloire vers 1832. Pour lui, les esprits les plus fins de ce temps n'ont pas dédaigné d'écrire des pantomimes, et ils ont concouru à son apothéose. En vérité, je m'y perds !

Ou plutôt non. Ce n'est pas Pierrot que les Nodier, les Jules Janin, les Champfleury, les Théodore de Banville ont chanté avec tant d'enthousiasme, c'est l'artiste qui, le premier, a fait sortir de l'ombre cette figure mélancolique et qui s'y est révélé homme de génie : c'est Gaspard Déburau. Il ne fallait rien moins que du génie, en effet, pour imposer à Paris ce muet terrible et fatal. J. Janin, qui a consacré à Déburau un volume étrange et paradoxal, voit dans le Pierrot créé par lui, l'image du Peuple avec ses instincts, ses convoitises brutales, et son insouciance fataliste. Qu'importe au Peuple les événements qui se pressent autour de lui? Il sait qu'il en sera toujours victime. Il tape quand il est le plus fort; sinon, il courbe l'échine sans honte, et s'il n'a souci que d'un pâté, c'est que, pour lui, la question capitale est de manger! J'y consens d'autant plus volontiers que l'existence de Déburau l'a sourdement disposé à sentir ainsi. Nous le voyons, dès son enfance, battu plus souvent qu'à son tour, funambule roulant à travers l'Europe ensanglantée par les révolutions ou les batailles, en quête d'un morceau de pain. Mais alors pourquoi Déburau qui était, nous dit-on, un excellent cœur, et un honnête homme, n'a-t-il pas donné à son Pierrot quelques-unes de ces qualités, que l'on trouve également dans ce peuple?... Mais je me fais bien hardi d'oser interroger le génie! Il a conçu et exécuté son Pierrot de telle façon, et non de telle autre, parce qu'il lui a plu ainsi et puisque ses contemporains se sont inclinés devant cette création, il ne nous appartient pas de le juger, nous qui n'avons pas entendu *le monstre*, comme disait Eschine en parlant de Démosthènes à ses disciples.

* *
*

Rassurez-vous, lecteurs, le Pierrot que vous trouverez ici, n'est pas aussi homérique.

Gaspard Déburau a laissé deux héritiers: son fils, Charles, qui en a conservé l'agilité, et Paul Legrand qui a poussé la pantomime du côté de la comédie et du sentiment. Théodore de Banville regrette, pour sa part, cette transformation. « Déburau me disait-il, savait être sentimental à l'occasion. Mais alors, il lui suffisait d'un froncement de sourcil, d'un geste furtif, d'un pli de la bouche, pour l'indiquer rapidement. Il n'avait garde de s'y arrêter : il se contentait de faire comprendre, que s'il l'avait voulu, lui aussi, il aurait pu émouvoir tout comme un autre. » En cela, Déburau était logique avec lui-même : son Pierrot ne comportait évidemment tout juste que la dose de sentiment qu'il lui attribuait.

Mais le Pierrot de Paul Legrand n'est pas le même. Il n'a pas la truculence de celui de Déburau. Soit. Mais il est bien de son époque : il a la gaîté inquiète d'un siècle décadent. Paul Legrand n'a pas voulu imiter Déburau, et il a eu raison, car il n'aurait pas pu. M. de Banville compare Débvrau à Napoléon ; du même coup, il fournit à Paul Legrand sa meilleure réponse: « On n'imite pas Napoléon ! » Prenons donc le Pierrot actuel pour ce qu'il est : il étonne moins sans doute ; il est peut-être amoindri ; mais il est plus sympathique, j'ose le dire, parce qu'il est plus près de nous.

L'art vit de transformations. Le Pierrot romantique et shakespearien de 1840, s'est depuis modifié. Dans les pantomimes de Paul Legrand, il est devenu un valet honnête et bon. Certes, il fait encore de mauvaises farces à Cassandre ; mais pourquoi ce vieux sot persiste-t-il à vouloir épouser Colombine ? Ici, Pierrot protège les amours de Colombine et d'Arlequin aux dépens de Cassandre. Ailleurs, quand il agit pour son propre compte, nous ne sommes plus fâchés de le voir aimé de Colombine : il est si bon, si dévoué, si honnête ! Car il l'est devenu, honnête, et s'il dérobe encore quelquefois Cassandre, c'est pour obtenir plus facilement Colombine, mais il ne gardera pas un centime du bien qui ne lui appartient pas. Enfin, quand il ne travaille, ni pour lui, ni pour Arlequin, il traverse la pièce, comme autrefois ce dernier, pour en être la gaîté naïve et ingénue. C'est ce côté qui a séduit quelques-uns de nos jeunes peintres de talent. Sous le crayon des Willette et des Georges Lorin, Pierrot est en train de devenir un gros enfant joufflu, étourdi, sincère, déjà poète et amoureux, car il adresse des sonnets à la lune et s'éprend d'une marguerite ou d'une rose. Comme la grâce divine, un rayon de fantaisie poétique l'a touché ; il a dépouillé le vieil homme, et il recommence aujourd'hui une nouvelle existence dans le royaume de Titania.

***

Que réserve l'avenir à ces spirituelles et profondes créations du génie latin ? Il est permis de se le demander, quand on voit la pantomime anglaise remplacer sur nos scènes la pantomime classique. A vrai dire, cet avènement de la pantomime acrobatique n'a rien de surprenant : il était à prévoir. Déjà en France, sous Déburau, on avait vu apparaître la pantomime *sautante*, sorte « de petite intrigue mêlée aux exercices du corps » ; les personnages entraient et sortaient en exécutant des sauts en rapport avec leur caractère. Mais nous n'avions pas poussé loin dans cette voie. Ce mélange de deux choses, en apparence étrangères, donnait à nos yeux une allure incohérente à des pièces que, par une pente naturelle à notre tempérament, nous considérions plutôt comme des vaudevilles sans paroles. Nous avions oublié que la pantomime est issue du ballet : elle en a conservé le mouvement, l'allure, et les attitudes plastiques. En pénétrant chez un peuple amoureux de tous les genres de sport, elle devait naturellement se développer dans ce sens. De l'autre côté du détroit, tandis que Polichinelle, le cynique gouailleur, devient journaliste, Pierrot se fait *Clown*, et c'est sous ce nom caractéristique que nous

le retrouvons dans les pantomimes anglaises :
on sait tout de suite à quoi s'en tenir, il ne
s'agit plus ici de comédies sans paroles, mais
de farces à outrance ; nous sommes dans le
domaine de la fantaisie exagérée, de la carica-
ture, de la parodie, du grotesque. Comment
pourrait-il en être autrement? Des personnages
de comédie pure feraient d'étranges mines au
milieu de cette avalanche de gifles et de coups
de pied donnés, reçus, rendus, avec précision ;
à travers ces culbutes, ces dégringolades exécu-
tées avec une aisance renversante, soit dit sans
mauvais jeu de mot. On croit assister à un cau-
chemar, et c'en est bien un, car les scènes se
suivent, comme en un mauvais rêve, sans lien
apparent, sans nul souci de la vraisemblance.

Par surcroît de fortune pour ce genre étrange,
mais bien amusant malgré tout, au moment où
la vieille pantomime agonisait chez nous, une
troupe incomparable de mimes acrobates, les
Hanlon-Lees, importait en France cette fantas-
magorie, qui fut accueillie avec faveur. Comme
on accepta jadis, des mains de Déburau, un

Pierrot que tout autre n'aurait pu imposer, on pardonna aux Hanlon l'incohérence de leurs créations, en faveur de leur talent.

On alla plus loin. Des hommes d'esprit écrivirent des vaudevilles, dans lesquels ils furent intercalés avec plus ou moins d'adresse. Ceux qui ont vu jouer ces vaudevilles ont sans doute éprouvé, comme moi, une impression bizarre, pénible même, quand le dialogue cessait brusquemeut pour faire place aux scènes mimées : ces gens qui gesticulaient, sans dire un mot, avaient un air funèbre : on eût dit des muets et non des mimes ; la musique, qui les accompagnait alors, était impuissante à rompre le silence de la scène.

La musique est, en effet, la langue de la pantomime : elle en est l'accompagnement obligé, et, sans elle, les scènes mimées seraient macabres. Impuissante, comme la pantomime, à rendre les idées précises et définies, elle convient, par sa nature même, à un art qui ne peut également exprimer que des idées générales : il est au moins singulier de voir comment ces

deux arts, condamnés chacun à la même misère
originelle, arrivent cependant à une richesse
d'expression qu'ils ne sauraient atteindre isolé-
ment... Je n'insiste pas : le développement de
considérations de ce genre, nous entraînerait
trop loin.

*
* *

Il y a quelques années, dans une revue des
Variétés, on vit paraître sur la scène les princi-
paux personnages de la pantomime italienne,
mais dans quel triste état, hélas ! L'Arlequin pouvait encore faire figure : sur son costume bâti
de pièces et de morceaux, les reprises se dis-
simulaient ; mais la Colombine, mais l'Isabelle,
— le rire et le sourire — quelle pitié de les voir,
avec leurs robes fripées, leurs rubans passés et
leurs souliers éculés, sur la charrette qui portait
ces misérables représentants d'un art presque
disparu. Quant au Pierrot blanchi, jamais sa
pâleur ne m'avait paru aussi famélique.

C'était lui qu'interrogeait le compère de la
revue. A ses questions Pierrot — c'était Paul

Legrand — mimait à peu près cette réponse :
« Oui, nous sommes bien gueux aujourd'hui ;
nos habits sont misérables et souvent nous
nous serrons la ceinture, faute d'un dîner. Autrefois, pourtant, il n'en fut pas ainsi. L'or em-
plissait nos poches ; à notre appel, le public ac-
courait et nous payait, en outre, en beaux éclats
de rire et en bravos. Maintenant, il passe indifférent et même étonné ; il ne nous comprend
plus ! »

— Et où allez-vous ainsi? demandait le compère.

— *A la grâce de Dieu*, faisait alors Pierrot
avec un geste, navrant de philosophie et d'a-
mertume.

Et sur ce geste, commenté tristement par le
refrain d'une complainte populaire, le lamentable cortège rentrait dans la coulisse.

La scène était touchante et malheureusement
trop vraie. Il ne mérite pourtant pas de disparaître, cet art charmant fait de fantaisie et de
philosophie aimables.

Je ne veux pas donner ici le signal d'une

campagne contre la pantomime anglaise —
que je ne déteste pas au fond — ni, à propos de
pantins, exciter mes concitoyens à la haine les
uns des autres. Le temps est passé de ces que-
relles artistiques. A Rome, à la fin du premier
siècle avant J.-C., on a pu voir le théâtre et les
rues ensanglantés par les luttes des partisans
de Bathylle, mime comique, contre ceux de
Pylade, mime tragique. Mais de nos jours,
il n'y a plus que les Arlequins et les Polichi-
nelles de la politique qui puissent nous affoler
à ce point : triste privilège que l'art n'a point à
leur envier.

Contentons-nous donc de rendre à la vieille
pantomime la justice qu'elle mérite, et sou-
haitons qu'elle rencontre bientôt des interprè-
tes de talent, capables de lui rendre sa gloire
passée et de lui ramener un public de délicats
et de lettrés, un public français, en un mot.

FÉLIX LARCHER.

AVIS

Ainsi qu'on l'a vu dans la préface, la musique est l'accompagnement obligé de la pantomime. Il suffira aux pianistes et aux orchestres de choisir dans leur répertoire les morceaux qui leur paraîtront s'adapter le mieux *comme expression* aux scènes représentées.

Ajoutons à ce propos qu'un de nos plus gracieux compositeurs modernes, M. Francis Thomé a été fort heureusement inspiré par Arlequin et Colombine. Il a écrit plusieurs œuvres charmantes qu'on pourra utiliser pour l'accompagnement. Ces morceaux sont édités chez Henri Lemoine.

Signalons également un ouvrage édité chez Henri Tellier. Il est formé de scènes détachées dans lesquelles M. Paul Milliet pour les paroles, et M. Georges Fragerolles, pour la musique, ont présenté tous les personnages de la « Comédie-Italienne ».

XXVI

Pour les détails de mise en scène et de costumes, s'adresser à l'éditeur, 14, rue de Grammont.

Pour les représentations publiques, se munir de l'autorisation de M. Debry, agent général de la société des auteurs dramatiques, 8, rue Hippolyte Lebas.

LES

FOURBERIES DE PIERROT

PERSONNAGES

PIERROT.

ARLEQUIN.

CASSANDRE.

COLOMBINE.

La musique de cette pantomime a été composée par Hervé.

LES
FOURBERIES DE PIERROT

Un salon. Porte au fond, pour la sortie. Porte à gauche conduisant à la chambre de Colombine. Porte à droite donnant dans celle de Cassandre. Fenêtre à droite au premier plan. Chaises, fauteuils, table, canapé.

SCÈNE PREMIÈRE.

Colombine sort sur la pointe du pied de la chambre de Cassandre et referme doucement la porte. Elle fait comprendre que son tuteur dort. Elle court à la porte du fond et regarde : Personne ! Elle est seule et peut appeler Arlequin qu'elle aime. Elle ouvre la fenêtre et agite son mouchoir. Une lettre vient tomber à ses pieds. Elle l'ouvre avec joie.

SCÈNE DEUXIÈME.

Pierrot entre. Il s'arrête sur la porte en voyant Colombine, il cherche à voir ce qu'elle fait. — Elle lit une lettre ! D'Arlequin, évidemment. — Il s'approche alors doucement et s'empare prestement du poulet.

Colombine essaie de le lui reprendre. Pierrot s'esquive et après une poursuite autour des meubles, il s'arrête devant le public et continue à repousser Colombine tantôt d'une main, tantôt de l'autre, tout en jetant un coup d'œil sur la lettre. Il paraît scandalisé et adresse des remontrances à Colombine. Elle le supplie de lui rendre la lettre. Pierrot finit par consentir et la lui tend. Colombine s'avance vivement pour la prendre. Pierrot l'arrête.

— Vous aurez la lettre, lui dit-il, mais à une condition. C'est que vous me donnerez un baiser.

Colombine refuse. Pierrot reprend la lecture de la lettre, et Colombine essaie encore de l'interrompre. De guerre lasse, elle se promène fiévreuse du fond de la scène à la rampe, tandis que Pierrot lit la lettre qu'il commente avec ses

mines et ses gestes. Il sourit à part des déclarations passionnées d'Arlequin. « Ce n'est pas
trop mal tourné. Il y a de l'enthousiasme, du
feu. Ah ! jeunesse ! Oh ! amour ! »

Puis, il se retourne brusquement et comiquement vers Colombine, qu'il regarde d'un air
sévère. Il lui fait comprendre qu'elle agit fort
imprudemment et que la bienséance, la pudeur
ne permettent pas à une jeune fille de recevoir
ainsi des lettres d'un jeune homme et d'encourager son amour. Il déclare qu'il va remettre la
lettre à Cassandre.

Colombine, effrayée, l'arrête et lui dit qu'elle
accepte ses conditions et qu'elle consent à l'embrasser. Expression de satisfaction sur la face
enfarinée de Pierrot, qui avance comiquement
sa joue. Colombine hésite, enfin elle se décide.
La figure de Pierrot prend un air de béatitude.
Il trouve cela fort agréable, et demande un
second baiser. Colombine refuse énergiquement. Ce n'est pas dans les conventions. Il a
dit un baiser et non deux. Qu'il rende la lettre
maintenant. Pierrot insiste et se dirige de nouveau vers la chambre de Cassandre. Colombine
se décide à embrasser Pierrot une seconde fois.
Pierrot lui rend la lettre et, pour montrer qu'il
n'est pas si méchant qu'elle croit, il lui pro-

met de protéger ses amours avec Arlequin.
Il lui fait signe d'attendre un instant et il sort.

SCÈNE TROISIÈME.

Colombine, seule, s'assure qu'elle n'entend
aucun bruit dans la chambre de Cassandre, et
redescendant en scène, relit la lettre d'Arlequin.

SCÈNE QUATRIÈME.

Pierrot reparaît avec une échelle de cordes et
il fait comprendre à Colombine qu'il va attacher
cette échelle à la fenêtre pour qu'Arlequin puisse
monter.

Colombine, ravie, saute d'elle-même cette
fois au cou de Pierrot. Il éclate de rire.

— Voyez-vous, la petite masque ! Elle se
faisait prier tout à l'heure et maintenant...

Colombine rit à son tour et prie Pierrot de
se dépêcher. Il jette l'échelle et Arlequin paraît.

SCÈNE CINQUIÈME.

Arlequin exprime sa passion à Colombine et
lui jure qu'il n'aura pas d'autre femme.

Colombine a l'air d'abord de douter un peu de sa sincérité. — Les hommes sont bien trompeurs! Est-ce bien vrai tout ce qu'il lui dit là? Tiendra-t-il tous les serments que sa lettre renferme? — Arlequin prend de nouveau le ciel à témoin de son amour. Si Colombine ne le croit pas, il reprendra le chemin par où il est venu, mais cette fois il ne se servira plus de l'échelle, il se précipitera la tête la première. Et il se dirige vers la fenêtre. Colombine se voile les yeux. Et Pierrot, qui a commenté la scène d'amour, par ses gestes et ses mines railleuses ou émues, se précipite et retient Arlequin.

— Oh! monsieur! ne faites pas ça. Rien n'est plus bête que de se jeter par la fenêtre. On tournoie dans l'air et l'on vient s'aplatir piteusement sur le pavé. On est très laid ainsi. Regardez donc Colombine. N'est-elle pas charmante et ses larmes ne vous disent-elles pas la peur que vous lui avez causée? Elle vous croit, allez, et ne pourrait vivre sans vous. Si vous vous jetez par la fenêtre, elle s'y jettera ensuite. Il faudra bien que je vous suive, par dévouement. Un, deux, trois... cadavres! c'est trop.

Et il tire doucement Arlequin vers Colombine, met les deux amoureux dans les bras l'un de l'autre et les unit majestueusement.

SCÈNE SIXIÈME.

Entrée de Cassandre. Moment de stupeur de part et d'autre.

Colère de Cassandre. Il court vers sa pupille qui se sauve d'un autre côté.

Arlequin fait diversion en cinglant de sa batte les mollets de Cassandre. Celui-ci se retourne contre lui et le menace de sa canne. Duel comique. Arlequin après avoir désarmé Cassandre, saute par la fenêtre. Effroi de Colombine.

Cassandre profite de sa frayeur pour l'attraper et la pousser dans sa chambre.

Il cherche Pierrot pour le quereller, ne le voit pas d'abord, et finit par le découvrir derrière un meuble, d'où il a suivi toute la scène. Il l'amène par l'oreille.

— Pourquoi a-t-il laissé entrer Arlequin?

Pierrot proteste. Ce n'est pas lui. Cassandre n'en croit pas un mot, et, lui montrant la porte, lui déclare qu'il le chasse. Pierrot le supplie de le garder, se met à genoux, embrasse les basques de son habit et voyant que toutes ses prières sont inutiles, il se relève et sort en menaçant de se venger.

SCÈNE SEPTIÈME.

Cassandre tombe accablé dans un fauteuil. Il pense au tableau qu'il a vu tout à l'heure : Arlequin pressant Colombine sur son cœur et Pierrot les unissant. — Non, cela ne sera pas. C'est lui, Cassandre, qui passera au doigt de Colombine l'anneau nuptial.

Il se tourne mélancoliquement du côté de la porte de Colombine et il pousse des soupirs grotesques.

SCÈNE HUITIÈME.

Colombine entre et s'approche de son tuteur, dans une humble attitude pour lui demander pardon.

Cassandre, enchanté, lui dit qu'il oublie tout et que le jour même, elle sera sa femme. Mouvement d'effroi de Colombine. Cassandre lui fait comprendre qu'elle n'a rien à craindre. Il sera doux, aimant, caressant ; il fera tout ce qu'elle voudra. Enfin, il lui montre un portefeuille garni de billets de banque. Ce sera pour la corbeille. Avec cela, elle pourra acheter robes et bijoux. Colombine refuse.

1.

— D'ailleurs cet argent n'appartient pas à lui, Cassandre, mais à elle, il ferait mieux de le lui donner pour qu'elle épouse Arlequin.

Cassandre, irrité, lui affirme que cet argent ne lui appartiendra qu'après son mariage avec lui-même.

SCÈNE NEUVIÈME.

Pierrot arrive, costumé en bonne. Cassandre étonné, lui demande ce qu'elle veut. Pierrot lui remet une lettre et se retire discrètement à quelques pas, les yeux baissés modestement. Cassandre lit ; c'est une lettre de recommandation pour entrer comme bonne chez lui. Il exprime que cela tombe à merveille puisqu'il vient de chasser Pierrot.

— Que sait-elle faire ?

— Tout. Balayer, coudre et cuisiner dans la perfection.

Cassandre se réjouit de ce dernier talent. C'est convenu, il l'accepte. Il demande sa canne et son chapeau qui sont sur un meuble au fond de la scène et se dispose à sortir. Il demande à Colombine de l'accompagner.

Au moment où celle-ci va accepter, par ennui, Pierrot se fait reconnaître d'elle et lui fait signe de rester. Colombine n'a pu maîtriser un mouvement de surprise que Cassandre a remarqué. Il lui demande ce qu'elle a. — Rien, répond-elle. Cassandre regarde Pierrot qui a tiré un bas de sa poche et qui tricote avec acharnement. Cassandre sourit, lui fait compliment de son zèle et renouvelle à Colombine l'offre de sortir avec elle. Colombine prétexte une migraine.

Cassandre, inquiet, fait mine de rester ; il s'apprête à déposer sa canne et son chapeau. Colombine se hâte de le rassurer. — Ce ne sera rien ; un peu de repos, et il n'y paraîtra plus. Il peut sortir tranquillement. Elle restera avec la nouvelle bonne.

Cassandre consent à sortir seul. Il recommande à la bonne de prendre soin de Colombine et de ne laisser entrer personne. Pierrot tricote sans relâche et on voit son bas, qu'il a tout simplement roulé, s'allonger à vue d'œil. Cassandre, émerveillé, le félicite de nouveau.

Il sort, après avoir embrassé galamment la main de Colombine et en poussant un long soupir sur la porte.

SCÈNE DIXIÈME.

Pierrot s'assure qu'il est bien parti. Colombine lui peint sa triste situation.

— Vous voyez ! c'est toujours la même chose. Il est le maître et il faudra que je subisse ma triste destinée.

— Jamais de la vie, dit Pierrot, n'est-il pas ridicule de voir ce vieux grigou vouloir épouser une aussi jolie fille ! — Il a vu Arlequin qui attend au bas de la fenêtre. Il y court et fait signe à Arlequin qui remonte.

SCÈNE ONZIÈME.

Arlequin se jette aux genoux de Colombine et lui embrasse les mains. Profitant d'un geste passionné d'Arlequin et du regard qu'il dirige vers le visage de Colombine, Pierrot glisse ses mains sur celles de Colombine. Arlequin, qui n'a rien vu, les lui prend et les baise avec feu.

Eclat de rire général. Les trois amis se mettent à danser [1].

On entend la toux de Cassandre.

1. Ce pas doit être réglé en scène avec la musique.

Effroi du trio. Arlequin se précipite vers la porte de droite pour se cacher. Pierrot et Colombine l'arrêtent. C'est la chambre de Cassandre! Il court d'un autre côté et, dans sa précipitation heurte Pierrot et le renverse. On le relève.

Nouvel accès de toux dans la coulisse — très rapproché cette fois. Arlequin et Colombine n'ont que le temps de se jeter dans la chambre de gauche.

SCÈNE DOUZIÈME.

Cassandre entre. Pierrot paraît très effaré. Il range, dérange, essuie et époussette les meubles.

Cassandre veut lui parler mais chaque fois qu'il cherche à s'approcher, Pierrot, pour gagner du temps et éviter une explication, lui pousse un meuble quelconque dans les jambes, lui cingle le corps avec son torchon ou l'éborgne avec son plumeau.

Cassandre, enfin, ayant désarmé Pierrot lui demande s'il a vu quelqu'un. — Personne, affirme Pierrot. — Où est Colombine? — Dans sa chambre où elle se repose. Cassandre est satisfait.

Pierrot reprend son ouvrage et Cassandre l'examine. Il le prend toujours pour une femme et semble la trouver à son goût. Il lui fait des agaceries. Pierrot ne comprend pas d'abord. Puis, quand il a compris, il se tord de rire. Cassandre paraît vexé. Se méprenant sur la cause de l'hilarité de Pierrot, il insinue qu'il n'est déjà pas si cassé. Il remonte le théâtre en se balançant pour lui faire remarquer sa démarche encore gracieuse. Il esquisse une pirouette et manque de tomber. Pierrot n'a que le temps de le retenir.

Voulant ensuite lui donner un échantillon de sa voix, il prend une guitare pour accompagner son chant. Il va commencer un air, mais à peine a-t-il la bouche ouverte qu'il est pris d'une toux terrible.

Pierrot, agacé, lui donne une volée de coups de plumeau. Cassandre tombe anéanti sur le canapé. Pierrot jette le plumeau à côté de lui et lui dérobe son portefeuille. Puis il se sauve, en faisant signe à Arlequin qui a suivi la scène, en entrebâillant, de temps en temps, la chambre de Colombine et qui traverse légèrement la scène. Sur la porte, Arlequin s'arrête un moment et, pendant que Pierrot le tire par sa batte pour l'entraîner, il envoie un dernier baiser du côté de la chambre de Colombine.

SCÈNE TREIZIÈME.

Resté seul, Cassandre revient à lui peu à peu.
Sa main rencontre le plumeau et croyant Pierrot
encore là, il tombe à genoux devant le canapé pour demander grâce. Il se rassure enfin
en voyant que Pierrot a disparu. En voulant
prendre son mouchoir pour s'éponger le front,
il constate la disparition de son portefeuille.
L'inquiétude se peint d'abord sur son visage. —
Mais il se trompe peut-être. Son portefeuille est
dans une autre poche. — Il cherche et ses traits
expriment la plus vive angoisse. Enfin son
malheur est certain et il laisse éclater son désespoir. Il appelle Colombine et lui fait part de
sa perte.

SCÈNE QUATORZIÈME.

Arlequin entre. Cassandre veut le chasser;
mais Arlequin lui montre le portefeuille disparu.
Cassandre veut le prendre. Arlequin lui échappe.
Cassandre alors le supplie de lui rendre son cher
argent. Arlequin consent à la condition qu'il lui
donnera sa pupille en mariage. Hésitation de
Cassandre. Il se décide enfin pour l'argent.

SCÈNE QUINZIÈME.

Au moment où Arlequin, qui s'est déjà emparé de Colombine tend le bras pour rendre à Cassandre son portefeuille, Pierrot qui est entré sans — déguisement cette fois — vers la fin de la scène précédente, le lui enlève à la barbe de Cassandre. Il explique que cet argent appartient à Colombine et non à Cassandre et il l'offre à Colombine. Celle-ci va le prendre, mais voyant la mine désespérée de son tuteur, elle s'arrête et consulte Arlequin.

— Nous ne tenons pas à l'argent, dit-elle.

— Non, répond Arlequin, notre bonheur nous suffit! Et ils repoussent le portefeuille.

Cassandre se précipite, avide. Mais Pierrot l'arrête. Il se tourne vers les amoureux en haussant les épaules.

— Et vos enfants? leur dit-il en étendant les mains à une courte distance du sol comme pour indiquer la taille des babys. — Cet argent sera pour eux.

Et il leur donne le portefeuille.

Cassandre menace. Pierrot à son tour le menace de la justice.

Cassandre finit par prendre son parti de sa mésaventure. Il unit Arlequin et Colombine. Pierrot présente comiquement les armes avec le plumeau. Tableau.

LE

DUEL DE PIERROT

PERSONNAGES

LE PÈRE LAJOIE, meunier.
URBAIN, son valet.
GUILLOT, riche fermier.
PIERROT, son valet.
MARTINETTE, fille de Lajoie.

LE
DUEL DE PIERROT

Le théâtre représente une cour de ferme. Au fond, porte barrière donnant sur la campagne. Une maison à gauche, avec une fenêtre à côté de la porte. Bosquets à droite. Bancs. Table.

SCÈNE PREMIÈRE.

Urbain sort furtivement des bosquets. Il se dirige vers la maison qu'il examine. Il cherche à voir ce qui se passe à l'intérieur : Celle qu'il aime, la charmante Martinette, est là et il est tout désappointé de ne pas l'apercevoir.

Il se dispose à frapper des mains pour l'appeler ; mais il se ravise dans la crainte d'attirer le père. Que faire? Attendre qu'elle sorte, et il se promène un instant de long en large. Il s'ennuie ; il regarde autour de lui pour trouver un moyen quelconque de tromper son attente ; il aperçoit sur un banc une terrine et du savon préparés pour un nettoyage. — Voilà une distraction ; il tire son couteau, râpe du savon dans la terrine, et ramassant une paille, il se met à cheval sur le banc et s'amuse à faire des bulles de savon.

Divers jeux de scène. Montrant une bulle qui s'enlève, il se frappe le front et semble dire que nos idées sont comme les bulles de savon : la passion, bulle de savon! La femme, bulle de savon ! Et pourtant, au moment où l'une d'elles va quitter le chalumeau, il y dépose un baiser et la souffle vers la demeure de Martinette.

SCÈNE DEUXIÈME.

Martinette sort de la maison avec un petit panier. Urbain court à elle et lui demande où elle va.

— Au marché, répond-elle, faire des provisions. Urbain la prie de lui accorder un moment d'entretien. — Non, non, reprend Martinette.

Et elle fait mine de se retirer, mais comme quelqu'un qui a bonne envie de rester et qui n'attend qu'un geste pour revenir. Aussi Urbain, qui insiste, n'a-t-il pas de peine à la décider. Il lui rappelle qu'il l'aime. Martinette avoue, en baissant les yeux, qu'il ne lui est pas indifférent et, finalement, ils se promettent de s'épouser.

SCÈNE TROISIÈME.

Entrée du père Lajoie, qui revient du village. Stupeur. Il se précipite sur Urbain, le fait pirouetter et adresse à Martinette des reproches animés. — N'a-t-elle pas honte de se laisser courtiser par un homme de rien, un sans-le-sou! Vite, qu'elle aille aux provisions et ne réplique pas!

Martinette, tête basse, sort par le fond.

SCÈNE QUATRIÈME.

— A nous deux maintenant, dit le père Lajoie, en se retournant vers Urbain. Que fais-tu là? Tu devrais être, là-bas, au moulin et non ici, à faire des bulles de savon et des déclarations passionnées à ma fille. Elle n'est pas pour toi. Elle est riche, et tu n'as pas ça!

— Je suis jeune, répond Urbain, j'ai de la santé, du courage et je ne suis pas mal tourné. — Et ce disant, il fait une pirouette.

Le père Lajoie hausse les épaules. — Ce ne sont pas tes ronds de jambe qui te donneront à manger. Tu iras faire tes pirouettes... dehors, ajoute-t-il en parodiant Urbain; et immédiatement. Attends, je vais chercher ton paquet.

SCÈNE CINQUIÈME.

Urbain seul, se désole. — Quoi! quitter tout ce qui l'entoure, cette maison, qui renferme tout ce qu'il aime! Et pourquoi? Parce qu'il n'a pas d'argent — pas ça! Eh! bien, qu'importe! A la grâce de Dieu! — J'aurai Martinette, je le jure! comment? par quel moyen? je ne sais. Mais je l'aurai.

SCÈNE SIXIÈME.

Le père Lajoie rentre avec le paquet d'Urbain; il le lui donne, lui paie ses gages. — Et maintenant, sors d'ici!

Urbain essaie en vain de l'attendrir. Il part enfin en lui affirmant que Martinette sera sa femme malgré lui.

SCÈNE SEPTIÈME.

Enfin ! dit le père Lajoie seul. Bon débarras ! et il se dispose à rentrer à la maison. Entre Martinette. Lajoie lui apprend qu'il vient de chasser Urbain et lui défend de chercher à le revoir. Il pousse Martinette à la maison, où elle entre en sanglotant. Il la suit, après avoir fait un dernier geste de menace du côté où est sorti Urbain.

SCÈNE HUITIÈME.

Urbain rentre à petits pas. Il a vu revenir Martinette et il veut lui adresser un dernier adieu. Il monte sur un banc pour regarder dans la maison par la fenêtre. Lajoie qui l'a aperçu est sorti par une porte de derrière. On le voit reparaître le long de la maison, passer doucement derrière Urbain, un fusil à la main et, pour effrayer ce dernier, il tire un coup en l'air.

SCÈNE NEUVIÈME.

Urbain saute lestement et se cache derrière la maison. Au même instant, Guillot qui entrait par le fond avec son domestique, Pierrot, se jette à terre comme un homme mort. Pierrot reste sur place, en tremblant comme la feuille. Lajoie va relever Guillot, qui ouvre les yeux, se tâte d'un air ahuri et, reconnaissant qu'il n'est pas blessé, achève de se remettre. Lajoie fait comprendre que son fusil n'était pas chargé; il a tiré en l'air pour effrayer ce gueux d'Urbain qui fait la cour à sa fille.

Guillot l'approuve. — Mais, moi, dit-il, pourrai-je voir mademoiselle Martinette et lui présenter mes civilités.

— Parfaitement, dit Lajoie, je vais la chercher.

Il entre dans la maison.

SCÈNE DIXIÈME.

Guillot fait signe à Pierrot de descendre en scène. Il ouvre un carton que tient son domestique et en tire un bouquet qu'il examine avec complaisance, en indiquant que c'est pour Martinette. — Il est bien, n'est-ce pas? demande-t-il à Pierrot. Celui-ci approuve de la tête.

A l'entrée de Lajoie amenant sa fille, il remet le bouquet dans le carton et fait signe à Pierrot de remonter un peu et d'attendre.

Pierrot va s'asseoir sur le banc près de la maison et pose le carton à côté de lui; il se tourne du côté du public et ne peut voir ainsi le carton.

SCÈNE ONZIÈME.

Lajoie présente sa fille à Guillot qui lui mime un compliment. — On n'est pas plus jolie, plus gracieuse. Martinette hausse les épaules. Guillot a l'air vexé. Lajoie gourmande sa fille, tout en apaisant Guillot.

— C'est ainsi que tu accueilles monsieur, qui est fort aimable pour toi. Je vous demande pardon, monsieur Guillot. Elle est troublée, elle ne sait pas ce qu'elle fait. — Cela ne durera pas.

Pendant cette scène, Urbain, apparaissant à l'angle de la maison, substitue un chou au bouquet apporté par Guillot — sans que Pierrot le voie.

Guillot fait signe à Pierrot de lui donner le carton. Il y prend, sans faire attention, le chou et l'offre galamment à Martinette qui le lui jette à la figure.

Guillot s'en prend à Pierrot qu'il accuse de cette mauvaise farce et le gifle. Pierrot, sous le coup de la colère et sans réfléchir, riposte en giflant à son tour le père Lajoie. Celui-ci lui envoie un coup de pied quelque part. Pierrot s'excuse et dit qu'il n'a pas été maître de son premier mouvement, d'autant plus, ajoute-t-il, que ce n'est pas lui qui a fait disparaître le bouquet. On accepte ses excuses.

Le père Lajoie prie Guillot de rester avec sa fille et l'autorise à lui faire sa cour. Guillot s'incline. Lajoie se tourne vers sa fille et, la faisant passer près de Guillot, lui ordonne d'être aimable avec lui. C'est lui qu'elle doit épouser. Dénégations de Martinette. Lajoie insiste en menaçant et sort en indiquant qu'il va s'occuper du dîner avec Pierrot.

SCÈNE DOUZIÈME.

Guillot fait sa cour à Martinette. Celle-ci lui

tourne à moitié le dos; les bras croisés, elle l'écoute avec impatience en frappant nerveusement du bout du pied. Guillot, s'animant, veut lui prendre la main et la taille ; elle se dégage vivement et passe devant lui en le toisant d'un air sévère. Guillot tente un nouvel effort. Il lui dit combien il la trouve jolie, charmante et l'impression qu'elle lui a faite. — Sa tête déménage, son cœur palpite. — Enfin il tombe à ses genoux comiquement. Martinette le regarde par-dessus l'épaule d'un air de dédain.

Guillot, ne sachant plus que faire, lui propose de danser pour passer le temps, en attendant que le dîner soit prêt. Martinette refuse d'abord, mais Urbain qui suit la scène, à moitié caché dans l'angle de la maison, se fait voir d'elle et lui fait signe d'accepter.

Guillot et Martinette dansent un menuet.

SCÈNE TREIZIÈME.

Urbain interrompt la danse en prenant la place de Martinette, pendant un salut profond de Guillot. Martinette rentre vivement dans la maison et lorsque Guillot se relève et s'apprête à continuer le pas, il se trouve nez à nez avec

Urbain qui le fait pirouetter et lui administre quelques coups de bâton. Il jette son bâton deux pas plus haut, au milieu du théâtre.

Guillot reconnaît son rival. D'un geste furieux, il lui fait signe de sortir. Urbain semble chercher à l'adoucir. Guillot regarde avec étonnement le public et dit : — Puisqu'il a peur, je puis être brave, moi ! D'ailleurs, il n'a plus son bâton, si je puis m'en emparer, je le rosserai d'importance à mon tour.

Et il le prend de haut avec Urbain ; il lui dit qu'il n'accepte pas ses excuses et marchant sur lui avec arrogance, le fait reculer de manière à arriver près du bâton. Urbain a compris la manœuvre. Au moment où Guillot se baisse pour saisir le bâton, Urbain lui prend le bras et met le pied sur le bâton. Puis, lestement, il se baisse à son tour, ramasse le bâton et tout en continuant à tenir la main de Guillot, il le fait reculer, lui aussi, en le regardant d'un air narquois et en faisant le moulinet avec son bâton. Guillot tremble de tout son corps.

Urbain hausse les épaules et jette le bâton au loin, puis il déclare qu'il aime Martinette et que l'un des deux rivaux doit mourir. Guillot fait la grimace et fait signe à Urbain qu'il préfère que ce soit lui. Celui-ci propose alors un duel.

Guillot hésite, puis, se frappant le front tout à
coup pour indiquer qu'il a une idée, il accepte.
Urbain le prie d'attendre pendant qu'il va chercher des armes. Il sort.

SCÈNE QUATORZIÈME.

— Me battre, moi! jamais de la vie, dit Guil-
lot.resté seul, et il frappe dans ses mains pour
appeler Pierrot. Celui-ci arrive; Guillot le met
au courant de ce qui se passe. — Urbain et moi
nous devons nous battre en duel. Or je ne veux
pas me battre, moi. Ce sera toi.

Pierrot refuse avec empressement et se dirige, en toute hâte, vers la maison. Guillot le
rattrape, le ramène et essaie de le décider.
Pierrot riposte qu'Urbain pourrait bien le tuer
et il ne tient pas à mourir.

Guillot passe amicalement son bras autour du
cou de Pierrot et lui glisse ainsi une bourse devant le nez. Pierrot la regarde en souriant et
finit par tendre la main, où Guillot la laisse
tomber. Pierrot sort en disant qu'il va se préparer.

SCÈNE QUINZIÈME.

Urbain arrive avec une paire de fleurets et deux pistolets. Il provoque de nouveau Guillot, qui le prie de prendre patience. En attendant Pierrot, il prend tour à tour chacune des armes qu'il a l'air d'examiner soigneusement. Urbain s'impatiente pendant ces préparatifs.

Pierrot arrive. Guillot déclare à Urbain qu'il ait à s'expliquer avec son valet et il entre dans la maison.

Urbain, étonné, interroge Pierrot. Celui-ci, très tranquillement, lui dit que son maître ne se battra pas. Il ne peut pas. Cela lui fait mal. Ce sera lui, Pierrot, qui se battra à sa place.

Urbain hausse les épaules, et accepte le duel avec Pierrot, en faisant signe qu'il retrouvera Guillot plus tard.

— Commençons, dit Urbain.

— Commençons, dit Pierrot.

Urbain lui laisse le choix des armes. Pierrot prend un pistolet, puis il se retourne et commence à marcher à pas comptés, l'arme levée. Urbain lui court après et le prend par le bras, ce qui lui cause un soubresaut de peur.

— Qui tirera le premier? dit Urbain.

— C'ést juste, ajoute Pierrot.

On tire à pile ou face et le sort favorise Urbain. Grimace de Pierrot. Les deux adversaires se placent dos à dos et commencent à marcher. Pierrot se retourne et arrête Urbain. Il a réfléchi, il préfère l'épée. — Comme vous voudrez, dit Urbain.

Duel comique à l'épée. Pour en finir, Urbain porte une botte en pleine poitrine à Pierrot, Celui-ci ne bronche pas et Urbain recule stupéfait.

Pierrot, d'un air malin, déboutonne sa casaque et montre sa poitrine protégée par une PLAQUE D'ASSURANCES!

SCÈNE SEIZIÈME.

En ce moment, Lajoie et Martinette rentrent en scène, en tirant par le bras Guillot qui ne veut pas venir et n'ose regarder en scène, comme s'il craignait de voir à terre un des deux adversaires.

Urbain l'empoigne au collet et Guillot, effrayé, lui demande grâce à genoux, en lui tendant une bourse. Urbain la prend, compte et déclare à Guillot que ce n'est pas suffisant. Guillot, toujours à genoux, dans une posture piteuse qui fait rire Martinette, vide ses poches. L'argent dans les deux mains, Urbain vient demander au père Lajoie de lui accorder sa fille. Guillot se relève et rappelle au père Lajoie qu'il la lui a promise. Mais celui-ci lui signifie qu'il fait peu de cas d'un poltron ; et puisqu'il a maintenant les poches vides et que celles d'Urbain sont pleines, il donnera sa fille à Urbain.

Guillot se couvre et sort plein de dignité. Sur la porte, il fait signe à Pierrot de le suivre. Celui-ci, imitant la pantomime de Lajoie, fait comprendre à Guillot qu'il n'aime pas les poltrons, que d'ailleurs ses poches sont vides et que celles d'Urbain sont pleines et qu'il reste avec Urbain. Guillot disparaît en haussant les épaules et les quatre personnages en scène dansent un quadrille.

LE

RÊVE DE PIERROT

PERSONNAGE

PIERROT.

LE
RÊVE DE PIERROT

Une chambre. — Porte d'entrée au fond. — A droite, porte
donnant dans la chambre de la petite fille de Pierrot. — A
gauche, presque au milieu de la chambre, une table avec
une carafe d'eau. — Dans un coin sur un guéridon, des
jouets d'enfants : un sabre, dont la lame rentre dans le
manche, un fusil de bois. — Au mur, un miroir. —
Chaises.

Pierrot passe sa tête souriante entre les bat-
tants de la porte, puis il entre. Il tient sous son
bras un paquet de journaux et, dans une main
une poupée. Il dépose les journaux sur la table
et descend en scène pour faire voir la poupée
au public. — N'est-ce pas qu'elle est gentille?
— Il lui arrange les cheveux, la robe. — Là,
tout est bien correct. Il indique que cette
poupée est destinée à sa petite fille qui est là,

dans la chambre voisine. — Quelle bonne surprise ! Quelle joie elle aura ! — Il se dirige vers la porte de la chambre et l'entr'ouvre, en tenant la poupée derrière son dos. — Ah ! elle dort la mignonne. Laissons-la dormir. Elle aura sa poupée tout à l'heure. — Il referme duocement la porte, et vient déposer précieusement la poupée debout sur une chaise. Il rit de la voir ainsi.

— Maintenant que faire? Ah! les journaux! Voilà de quoi attendre.

Il vient s'asseoir près de la table et prend un journal. La lecture l'intéresse si fortement, qu'il avance progressivement et sans le remarquer, sur le bord de sa chaise et qu'il finit par tomber par terre. Il se relève furieux et fait une scène à sa chaise. — Qu'est-ce que cela signifie? Je te place à un endroit, tu ne peux pas y rester? Quelle est cette fantaisie de se reculer et de déposer les gens à terre? Ne recommence pas, ou sinon... Je te place là, restes-y. — Et il se dispose à se rasseoir, mais il se retourne brusquement pour voir si la chaise est bien à sa place. Il recommence ce jeu de scène une seconde fois et fait signe au public que, pour plus de sûreté, il va user d'un stratagème. Il met les deux mains sur le siège, les avance doucement en se baissant et

s'asseoit, sans avoir quitté la chaise d'une main
tandis que l'autre, passant rapidement devant
le corps, vient saisir la chaise de l'autre côté.
Sourire malin au public, un œil clos, l'autre
ouvert.

Rassuré, il reprend la lecture de ses journaux.
Un article l'indigne. — On a payé pour faire in-
sérer cela! C'est honteux! — Et il déchire le
journal.

Il en prend un autre. Sa figure exprime
d'abord l'étonnement. — Tiens! qu'est-ce que
cela? — puis l'inquiétude. — Oh! c'est grave.
— Puis il éclate de rire! Il se lève et mime alors
au public le récit qu'il vient de lire. Il se tourne
tantôt d'un côté, tantôt de l'autre pour simuler
le dialogue. Il s'agit d'une altercation entre
deux personnes.

— Vous n'avez pas le droit de dire cela,
monsieur!

— Si, monsieur.

— Non, monsieur.

— Si, monsieur.

Geste vigoureux de deux gifles appliquées
sur deux joues.

Parfaitement, affirme Pierrot au public, puis
s'approchant, il dit: Que pensez-vous qu'il s'est
passé? On s'est battu à l'épée? — Non. Au pis-

tolet? Non. Les deux adversaires se sont serré la main et ont été déjeuner ensemble. — Et il éclate de rire.

Pierrot se rasseoit et prend un troisième journal. Celui-ci l'émeut profondément et le fait pleurer. C'est le récit d'un meurtre. Un pauvre petit enfant qu'on a étranglé. Il passe tristement sa main sur son front pour chasser cette impression lugubre et prend un autre journal.

Ce dernier l'endort! Il s'assoupit peu à peu sur sa chaise. Il ronfle.

Au bout d'un instant, il ouvre les yeux et se lève comme dans une hallucination.

A partir de ce moment, toutes les actions qu'il accomplit se passent dans son rêve ; l'artiste le fera bien comprendre en faisant d'abord quelques pas sur le théâtre, avec ce regard fixe de l'homme en état de somnambulisme.

Pierrot aperçoit d'abord la carafe d'eau sur la table. Sa physionomie s'éclaire. Il la prend pour une bouteille de vin. Il s'en empare, l'élève devant ses yeux. — Quelle belle couleur! — Il pose à plusieurs reprises le goulot sous ses narines, qui se dilatent. — Quel parfum! — Il trinque contre la table et boit [1]. Il pose sa main vo-

---

1. Nous avons dit que la musique doit toujours suivre les mouvements de la scène. Ici on devra jouer un air à boire, par exemple, le timbre : *Quand je bois du vin clairet,* ou tout autre air connu.

luptueusement le long de son estomac pour témoigner de la sensation délicieuse que le chaud liquide lui procure.

Il va boire de nouveau lorsqu'il aperçoit la poupée. Il s'approche et veut lui donner à boire. — Non, cela lui ferait mal au cœur! — Il s'incline devant elle et boit à sa santé.

Légèrement gris, après plusieurs rasades, il replace la carafe sur la table et se met à danser. Un entrechat le ramenant devant la poupée, il s'arrête en la prenant pour son enfant. — Tu ne dors plus. C'est bien, cela. Viens dans mes bras. — Il la berce [1], la fait sauter, lui sourit, lui pince le menton. Sa figure exprime tout à coup une vive inquiétude : quelque chose lui a mouillé la main. Il s'asseoit, renverse la poupée sur ses genoux et lui fait une toilette intime. Il s'énerve dans cette opération, s'irrite contre la robe qu'il ne peut replacer comme il voudrait et, dans un mouvement d'impatience, il jette la poupée à terre.

Saisi d'épouvante, il croit avoir tué son enfant! Il ramasse la poupée, qui reste inerte dans ses bras. Il l'embrasse, il pleure et la dépose sur la table. Puis il parcourt le théâtre en proie à un violent désespoir.

1. Musique : *Do, do, l'enfant do...*

Alors, il veut se tuer aussi. Mais comment? Le poison? Pouah! c'est trop mauvais à boire. — Se pendre? On est trop laid, quand on tire la langue. — Se jeter à l'eau? Il sait nager. Il aperçoit le sabre sur le guéridon [1]; il le prend et s'en donne un coup dans l'estomac... la lame rentre dans le manche. Il saisit le fusil et s'applique le canon sur la poitrine. Il hésite. — Non, la place n'est pas bonne, il se manquerait. Il cherche le cœur et applique de nouveau le canon, mais il est pris d'un tremblement nerveux. Le canon va et vient devant lui. — Ce n'est pas possible encore ainsi.

— Ah! une idée! Il va décrocher le miroir, le pose sur la table contre la carafe, se place de façon à se voir facilement, puis il vise son image dans la glace. Il presse la gâchette, l'amorce éclate et Pierrot tombe, se croyant mort [2].

Peu à peu, il revient à lui, il se tâte et s'apercevant qu'il n'a rien, il se relève. Ses yeux rencontrent la poupée gisant sur la table. Saisi d'un nouvel accès de désespoir, il veut fuir. Où aller? Il prend un journal et le parcourt fiévreusement. Simulant avec ses mains les mouvements de roulis et de tangage d'un navire, il

1, Musique : *On va lui percer le flanc...*
2. Marche funèbre.

semble lire l'annonce du départ d'un paquebot
pour un pays lointain.

A la hâte, il se prépare pour ce voyage [1]. Il
fait le simulacre de se poser un sac sur l'épaule,
il prend dans chaque main une valise... ima-
ginaire — et il part.

Le voilà sur le pont. Il dépose ses bagages
dans un coin, et la main au-dessus de ses yeux,
il examine l'horizon. Le roulis et le tangage
augmentent peu à peu. Il marche en luttant
contre eux, mais il trébuche à chaque pas. Sa
physionomie devient inquiète. Il se frotte mélancoliquement l'estomac et des haut-le-cœur
le prennent. Mais il oublie son mal en fixant tout
à coup les yeux sur un point du ciel qu'il regarde avec effroi. Il annonce qu'un nuage
énorme et épouvantable accourt sur le navire.
Il mime alors l'affolement que cause à bord
l'approche d'une tempête [2]. Il va, vient, range
les cordages sur le pont ; à travers ses mains
faisant porte-voix, il envoie des commandements
dans les huniers, il monte aux échelles de cordes, cargue les voiles. Mais, il n'y a rien à faire.
le navire est perdu. Les lames montent à des

1. Musique : *Bon voyage, monsieur Dumollet.*
2. La musique doit ici venir en aide à l'artiste en imitant
le bruit d'une tempête.

hauteurs prodigieuses ; le bâtiment plonge dans des abimes ; des paquets de mer balaient le pont et finissent par engloutir le navire.

Pierrot se sauve à la nage. Il traverse ainsi toute la scène et vient tomber épuisé sur sa chaise. Il s'endort comme une masse sur la la table.

Au bout de quelques instants, il se réveille — véritablement cette fois.

Etonnement, en voyant le désordre de la pièce, la poupée sur la table, le sabre, le fusil à terre. Il se frappe le front et comprend qu'il a rêvé : c'est la faute du journal! Il ramasse les jouets, les remet en place, prend la poupée et se dirige joyeux vers la chambre de son enfant.

Au moment où il va ouvrir la porte, il revient vers le public et, d'un geste aimable, lui demande ses applaudissements.

PIERROT BUREAUCRATE

PERSONNAGES

PIERROT, employé.

M. RONDECUIR, chef de bureau.

GRATTEPAPIER, vieil employé.

PLUMAUVENT, jeune employé.

UN GARÇON DE BUREAU.

MADAME PIERROT.

UNE NOURRICE.

UNE MARCHANDE DE PLAISIRS.

PIERROT BUREAUCRATE

Le théâtre représente l'intérieur d'un bureau. Au premier plan, à gauche et à droite, bureaux et accessoires. A gauche, au deuxième plan, pan coupé, porte conduisant au cabinet du chef. A droite, au deuxième plan, en pan coupé également, une fenêtre. Porte d'entrée, au fond, du côté de la fenêtre. Egalement au fond, du côté de la porte du cabinet, un poêle, surmonté d'une grande statue quelconque. Coffre à bois. Une tête de loup dans un coin. Horloge.

SCÈNE PREMIÈRE.

Au lever du rideau, le garçon de bureau fait le ménage. Coups de plumeau et de balai donnés à tort et à travers. Il exprime qu'il en a assez, qu'il est fatigué et il s'installe dans un fauteuil pour lire un journal.

SCÈNE DEUXIÈME.

Une nourrice entre, portant un enfant. Elle parcourt des yeux la scène et avise le garçon enfoncé dans son fauteuil... et dans sa lecture. Elle le salue respectueusement d'abord et comme il ne fait pas attention à elle, elle finit par secouer le fauteuil. Le garçon bondit, effaré. Mais reconnaissant à qui il a affaire, il prend son air le plus hautain pour questionner la nourrice.

Elle demande si M. Pierrot est arrivé. — « Pas encore, dit le garçon, asseyez-vous. » Et il entre majestueusement dans le cabinet du chef, tandis que la nourrice, abandonnée à elle-même, va s'asseoir devant un des bureaux.

SCÈNE TROISIÈME.

Entrée de M. Grattepapier, portant un petit chien. Il est surpris de voir la nourrice à sa place. Il lui signifie de sortir : sa place n'est pas là. La nourrice lui dit qu'elle attend M. Pierrot et lui montre l'enfant de son collègue, avec des gracieusetés de nourrice. Le vieil employé, que l'enfant agace, la bouscule.

Elle sort en annonçant qu'elle reviendra.

SCÈNE QUATRIÈME.

Au moment où elle sort, Plumauvent, qui entre en écervelé, se heurte contre elle. Cris de l'enfant. Colère de la nourrice qui se retire en menaçant.

Plumauvent salue le vieil employé et s'installe à côté de lui, en allumant une cigarette. Signes d'impatience de Grattepapier que la fumée indispose. Sans paraître remarquer ses gestes désespérés et sa toux, Plumauvent fait la toilette de son bureau, tandis que Grattepapier tire de sa poche une bouteille qu'il dépose sur son bureau en témoignant que c'est du bon vin.

SCÈNE CINQUIÈME.

Entrée du chef. Plumauvent jette précipitamment sa cigarette et se plonge dans les dossiers d'un air affairé.

Le chef, respirant l'air, sent l'odeur de la fumée. Il va à Grattepapier et lui demande si c'est lui qui fume. Grattepapier proteste et désigne Plumauvent. M. Rondecuir interroge Plumauvent. Celui-ci proteste et montre le poêle. M. Rondecuir le regarde et fait un geste : C'est bien possible !

Il s'aperçoit alors de l'absence de Pierrot. Il regarde l'horloge et demande aux employés où est leur camarade. M. Grattepapier hausse les épaules avec un air qui signifie : « Je n'en sais rien ; c'est tous les jours la même chose. »

M. Rondecuir, furieux, prend une pancarte sur laquelle on lit : PAS DE GRATIFICATION, et l'accroche au bureau de Pierrot, puis il entre dans son cabinet dont il ferme violemment la porte.

SCÈNE SIXIÈME.

Entrée de Pierrot. Il a l'air piteux, fatigué, ennuyé.

Grattepapier lui dit : C'est une jolie heure pour arriver — et il lui montre en goguenardant la pancarte posée sur son bureau.

Pierrot fait un geste d'insouciance, prend la pancarte et s'assoit dessus.

SCÈNE SEPTIÈME.

Le garçon de bureau entre et fait signe à Grattepapier que le chef le demande. Tandis que Grattepapier entre chez le chef, le garçon se retourne vers la porte et à ce moment, la nourrice revient. Le garçon lui montre le bureau de Pierrot et sort.

SCÈNE HUITIÈME.

La nourrice arrive droit à Pierrot et le fait tourner sur sa chaise. Ahurissement de Pierrot. Il lève les bras en l'air, invective la nourrice, tout en faisant signe au jeune Plumauvent, qui se tord de rire, d'aller surveiller la porte d'entrée, afin d'éviter les surprises. Plumauvent sort.

Pierrot demande à la nourrice le motif de sa présence. La nourrice veut de l'argent. Pierrot la prie d'attendre, il n'en a pas. Elle ne veut rien entendre, menace Pierrot et sort en lui laissant son enfant sur les bras.

SCÈNE NEUVIÈME.

Pierrot, resté seul avec son moutard, témoigne son embarras. L'enfant se met à crier. Il le fait sauter, en lui adressant des risettes. L'enfant crie toujours. Il le berce, tâche de l'endormir. Rien n'y fait. Pierrot se frappe le front : il devine ce que l'enfant voudrait, mais il ne lui est pas possible de le satisfaire. Enfin, impatienté par ses cris, il lui fourre la tête dans son gilet et le retire brusquement, comme s'il avait été mordu par l'enfant.

SCÈNE DIXIÈME.

Entendant du bruit chez le chef, Pierrot, affolé, cherche à dissimuler l'enfant sur le bureau, derrière, dessous ; enfin, il l'enfouit dans un carton, puis il se tourne, l'air souriant, vers M. Rondecuir qui entre.

Celui-ci adresse des reproches à Pierrot.

— Ah ! vous voilà ! C'est bien heureux ! Tenez.— Et il lui remet du travail en lui montrant l'horloge : il a une heure pour terminer cette besogne, sinon, il le met à la porte. Pierrot promet respectueusement.

Au moment où le chef va rentrer dans son cabinet, on entend l'enfant qui pousse un gémissement. Le chef se retourne stupéfait vers Pierrot, qui s'est précipité sur son papier et écrit avec rage. M. Rondecuir va à Pierrot et lui demande s'il a entendu . Pierrot affirme qu'il n'a rien entendu et se replonge dans sa besogne.

Le chef fait un geste qui veut dire : je me suis trompé ; et il se dirige de nouveau vers son cabinet.

Nouvelle plainte. M. Rondecuir revient vivement vers Pierrot. — Cette fois, je ne me suis pas trompé. Qu'est-ce que c'est que cela ?

Pierrot regarde au plafond et tout autour de lui en ayant l'air de chercher d'où le bruit peut venir. Une idée lui traverse l'esprit tout à coup.

Il va prendre un morceau de bois et, le mettant dans le feu, il insinue à son chef que c'est une bûche qui pleure !

— Ah ! c'est bien possible ! dit M. Rondecuir et il rentre dans son cabinet, pendant que Pierrot se moque de lui dans son dos.

SCÈNE ONZIÈME.

Le chef sorti, Pierrot se précipite vers le carton où il a déposé son enfant. En ce moment madame Pierrot entre. Satisfaction de Pierrot en l'apercevant. Il lui remet avec empressement le moutard et lui raconte la visite de la nourrice, en lui disant qu'il faudra s'arranger pour la payer. — Hélas! comment! soupire madame Pierrot. — On verra, riposte Pierrot. Il congédie sa femme en lui disant de revenir le prendre au bureau afin d'aller dîner ensemble.

Madame Pierrot sort.

Brisé d'émotion, Pierrot tombe sur le fauteuil de Grattepapier et, machinalement, boit le vin apporté par celui-ci.

SCÈNE DOUZIÈME.

Rentrée de Plumauvent, qui a profité de l'occasion pour aller faire un tour.

— Eh bien ? demande-t-il à Pierrot. — Celui-ci hausse les épaules en ayant l'air de dire : C'est insupportable, j'en ai par-dessus la tête. Enfin! n'y pensons plus et travaillons!

Tous deux se remettent à l'ouvrage.

A ce moment, on entend la crécelle d'une marchande de plaisirs. Plumauvent se lève précipitamment et propose à Pierrot de faire monter la marchande pour jouer une partie. — Soit, dit Pierrot, et ils vont appeler la marchande par la fenêtre.

Pendant qu'elle monte, Grattepapier rentre. On le met au courant, en lui proposant la partie. Hésitations du vieil employé. — Si le chef arrivait! — Bah! dit Plumauvent, il ne dira rien. — On peut bien s'amuser. Grattepapier accepte.

SCÈNE TREIZIÈME.

Entrée de la marchande. Partie. Jeux de scène à volonté.

Pendant la partie, Plumauvent qui trouve la marchande à son goût, lui pince la taille, lui fait des agaceries; elle lui envoie une paire de gifles. Rires de Pierrot et de Grattepapier.

Pierrot profite du moment où Grattepapier est occupé au tourniquet pour s'emparer de son chien qui dort dans un panier sous son bureau et quand la marchande se laisse enfin attendrir par la pantomime expressive de Plumauvent —

tableau que Grattepapier regarde en haussant les épaules — il fourre l'animal dans sa boîte.

La marchande sort, accompagnée de Plumauvent, de plus en plus pressant.

SCÈNE QUATORZIÈME.

Pierrot et Grattepapier se remettent à leur bureau en mangeant leurs oublies. La pâtisserie donnant soif au vieil employé, il cherche son vin et ne le trouve plus. Il regarde si, par hasard, il ne l'a pas changé de place et puis sous son bureau; il constate ainsi la disparition de son chien.

Il accuse Pierrot, qui l'envoie promener. Dispute. Lutte à coups de dossiers, papiers, etc. Pierrot s'empare de la tête de loup et en poursuivant Grattepapier, qui se précipite du côté de la sortie, il renverse la statue surmontant le poêle. Au bruit, le garçon accourt, renverse Grattepapier, qui sé relève et se sauve en courant.

On entend du bruit dans le cabinet du chef. Terreur de Pierrot qui, avec l'aide du garçon, ramasse les débris, les fait disparaître dans les cartons. Puis il se pend à un des rideaux de la fenêtre, l'arrache, se drape dedans et saute sur le poêle où il prend la place et la pose de la statue.

SCÈNE QUINZIÈME.

Entrée du chef. Il est surpris de ne voir là que le garçon, il regarde l'heure et paraît irrité de voir tout le monde parti.

Il interroge le garçon, qui balbutie et qui profite de l'arrivée de madame Pierrot pour se retirer en paraissant dire : Ma foi ! qu'il se tire de là !

SCÈNE SEIZIÈME.

M. Rondecuir, qui trouve madame Pierrot charmante, l'invite gracieusement à entrer et lui fait mille galanteries.

— M. Pierrot n'est pas là, vous voyez. Mais, n'importe, nous l'attendrons ensemble, si vous voulez bien. Trop heureux…

Et avec un geste de vieux beau, il ramène d'un air dégagé quelques mèches, et regarde madame Pierrot en clignant de l'œil.

Pierrot suit toute cette scène et la commente par ses mines et ses gestes aussitôt réprimés dès qu'on a l'air de se tourner de son côté. — Il fait tantôt la grimace en voyant l'empressement de son chef; tantôt, il se moque des galanteries du vieux barbon. — Il redevient immobile lorsqu'il croit qu'on va le voir, et conserve la position et la physionomie qu'il a alors. — Celles-ci ne seront donc pas toujours les mêmes. — Les conventions théâtrales le permettent et la situation n'en est que plus comique.

Madame Pierrot est toute surprise et tout embarrassée. Rondecuir lui prend les mains et la fait approcher du poêle pour se chauffer. Il bourre le poêle de bois, tout en continuant à s'empresser autour de madame Pierrot.

Pierrot que la chaleur incommode commence à donner des signes visibles d'impatience. Il se met tantôt sur un pied, tantôt sur l'autre. Enfin, à moitié cuit, il saute au milieu de la chambre. Stupéfaction de M. Rondecuir; frayeur de madame Pierrot.

Le chef veut le prendre de haut avec son employé qui le fait changer d'attitude en lui rappelant qu'il a vu et compris son petit manège autour de madame Pierrot.

SCÈNE DIX-SEPTIÈME.

Grattepapier rentre en poussant en scène la marchande de plaisirs, dans la boîte de laquelle

il a retrouvé son chien. Elle proteste de son in-
nocence et Plumauvent, qui la suivait, l'appuie
en accusant Pierrot.

Grattepapier, dans sa colère, veut se jeter sur
Pierrot. Mais M. Rondecuir s'interpose et rac-
commode les deux collègues.

Pierrot, enchanté de voir la tournure que
prennent les choses, invite son chef à dîner.
Celui-ci refuse d'abord et finit par accepter, en
regardant du coin de l'œil madame Pierrot, qui
sourit malicieusement. Il fait comprendre, en a-
parté, qu'il compte bien tirer parti de la situation au détriment de Pierrot.

Celui-ci de son côté semble dire : J'ouvrirai
l'œil.

Tableau.

PIERROT ROSIÈRE

PERSONNAGES

PIERROT.

COLOMBINE.

LE BAILLI.

Paysans — Paysannes.

La figuration peut être supprimée.

PIERROT ROSIÈRE

Le théâtre représente une cour de ferme. — A gauche, une
maison. — A gauche, au premier plan, face au public,
une planche à repasser sur deux tréteaux. Linges, fers,
etc. — A côté de la planche, un seau. — A droite, un
baquet à laver, planche, brosse, battoir, etc. — Au fond,
à droite, en biais, une corde tendue sur deux fourches.

SCÈNE PREMIÈRE.

Colombine achève de laver dans un baquet.
Après avoir battu, savonné et rincé un dernier
tablier, elle le place sur une chaise où se trouve
déjà un paquet de linge. Elle regarde sous son
baquet et autour d'elle s'il ne reste plus rien à
laver. — Elle a bien fini. Plus rien.

Elle va prendre alors sur la planche à repasser un petit sac en papier, verse un peu de *bleu*

dans le seau et commence à tordre une serviette.
— Mais, seule, elle n'avance guère. Où peut
être Pierrot? Il se promène sans doute, où il dort
dans un coin. — Après avoir regardé dans la
maison et dans une allée à gauche, elle se retourne et se dirige à droite au moment où Pierrot paraît, une énorme tartine de fromage à la
main.

SCÈNE DEUXIÈME.

Il bâille et se détire les bras.

Colombine le fait descendre rapidement en
scène et lui reproche sa paresse.

— « Oui, bâille, et l'ouvrage, qui le fera?
Voilà du linge à tordre et à étaler, et tu ne son-
ges qu'à dormir et à manger! »

Et d'un revers de main, elle fait voler en l'air
la tartine de Pierrot.

Celui-ci lui lance un regard indigné et va ramasser sa tartine qu'il essuie sur sa manche.

Colombine lui tend un linge et lui demande
de l'aider à tordre. Pierrot le prend et essaie de
tordre d'une main en mangeant de l'autre. Colombine lui fait remarquer qu'il ne fait rien de
bon. Il cherche alors ce qu'il pourrait bien faire
de sa tartine. Enfin, il va la déposer sur un

banc derrière lui. A peine a-t-il repris le linge, qu'il le lâche en faisant signe à Colombine de prendre patience. Il retourne à sa tartine, en indiquant qu'un chien pourrait venir la lui prendre et il la met en équilibre sur le baquet. Il reprend le linge. — Même jeu de scène. — Cette fois, la tartine pourrait tomber dans l'eau; après quelques hésitations, il relève sa casaque et la met sur son estomac.

Colombine suit cette scène en riant et en haussant les épaules. Tous deux se mettent à tordre le linge.

Pierrot cherche à faire des agaceries à Colombine. Celle-ci le repousse. Il insiste et lui dépeint sa flamme avec force gestes, sans lâcher son linge toutefois, ce qui fait exécuter à Colombine une série de soubresauts. Enfin, il tombe à ses genoux et ce mouvement déchire le linge qu'ils tenaient tous deux. Colombine furieuse, lui administre une paire de gifles !

Pierrot se relève peu content, et fait signe, en a parte, qu'il se vengera de cet outrage.

En effet, pendant que Colombine prend un tablier et l'essore seule en tournant le dos, Pierrot vide rapidement tout le paquet de bleu dans le seau ; puis il va s'asseoir lestement sur le banc, en reprenant sa tartine.

4.

Colombine plonge son tablier dans le seau et le retire complètement bleu ! (*Ce jeu de scène se fait par une simple substitution de tablier.*) Stupéfaction de Colombine, qui s'aperçoit alors que le paquet de bleu est vide. Elle devine la main qui lui a joué ce tour ; elle court vers Pierrot, le fait pirouetter sur son banc et lui montre le tablier.

Pierrot nie énergiquement. — C'est votre coude qui aura heurté le paquet !

Colombine le regarde avec pitié et lui commande d'étaler le linge sur les cordes. Pendant que Pierrot se livre à cette opération, elle met des fers sur un petit réchaud et dispose sa table à repasser. Pierrot, ayant fini, revient vers Colombine et lui fait admirer son travail.

— C'est bien, dit Colombine, voilà comment il faut travailler toujours.

Pierrot a l'air content de ce compliment et fier, il se promène devant le linge les mains dans les poches, en faisant des ronds de jambes. Malheureusement, d'un coup de pied, il atteint une des fourches qui soutiennent la corde et voilà le linge par terre.

Colombine se retourne et le voit contemplant piteusement ce désastre. Elle lui demande avec colère ce qu'il a encore fait. Pierrot lui répond

que c'est le vent qui est le coupable. Colombine
hausse les épaules et lui montre les feuilles des
arbres qui ne bougent pas.

— Tiens, va-t'en, dit-elle, tu seras mieux ailleurs. Pour la belle besogne que tu fais ici...

Pierrot s'éloigne et, au moment de disparaître
dans la coulisse, il affirme de nouveau à Colombine que c'est le vent !

SCÈNE TROISIÈME.

Restée seule, Colombine répare les maladresses
de Pierrot et commence à repasser son linge.

Entre le bailli, au milieu d'un joyeux cortège
de paysans et de paysannes. Tous lui désignent
Colombine, qui s'est retournée au bruit et reste
tout étonnée, son fer à la main.

Le bailli s'avance en souriant, la salue et lui
dit que tout le village affirmant qu'elle est la
plus sage et la plus belle, il la proclame rosière.
Il lui remet un bouquet de fleurs d'oranger que
Colombine, émue de plaisir, pique dans sa coiffure. Puis, après avoir remercié le bailli et lui
avoir fait une jolie révérence, elle court serrer
la main à tous ses amis.

Le bailli lui recommande d'aller revêtir sa
robe blanche. Il reviendra la prendre plus tard

pour la cérémonie officielle du couronnement.
Le bailli s'éloigne avec le groupe de paysans.

SCÈNE QUATRIÈME.

Colombine saute de joie et retourne à son ouvrage. Elle met du linge repassé dans un panier
et s'apprête à sortir, lorsque Pierrot entre.

Rapidement, elle le met au courant de ce qui
vient de se passer. Elle lui montre le bouquet
que le bailli vient de lui remettre ; elle annonce
qu'elle va porter ce linge aux clients et qu'elle
reviendra s'habiller.

Puis elle disparaît, leste comme une biche.

SCÈNE CINQUIÈME.

Pierrot parodie sa sortie et descend en scène
en riant. Tout à coup, il s'arrête ; sa physionomie
devient fixe ; on sent qu'une idée encore vague
germe dans son cerveau ; peu à peu sa physionomie s'anime et elle finit par s'épanouir entièrement. Pierrot se frappe le front d'un air
vainqueur.

Il entre dans la maison et en sort presque

immédiatement avec des vêtements. Il fait signe
au public qu'il va revêtir la robe de Colombine
et se transformer en rosière. Et cette idée le fait
pouffer de rire.

Il commence à s'habiller.

— Voyons ! comment s'y prend-on ? Ah ! un
jupon blanc. Parfait ! — La jupe, maintenant,
— Le corsage. Hum !... un peu large devant...
Ah ! dame, je ne puis pas y mettre... ce que je
n'ai pas. — Il faudrait un bonnet à présent pour
cacher ma calotte noire. Voilà l'affaire. — Reste
le voile de mousseline.... que voici !

Pierrot joue d'abord avec le voile comme
avec une écharpe, il fait des jeux de grâces ;
puis il la déplie, l'enlève et, tandis que la frêle
étoffe est soutenue par l'air, il se glisse dessous.
Le voile s'abaisse sur sa tête, comme un para-
chute et le couvre entièrement.

Il entend tout à coup du bruit. Il se précipite
à la table de Colombine et se met à repasser
avec ardeur.

SCÈNE SIXIÈME.

Entrée du bailli et des paysans.

Le bailli, voyant Pierrot au travail et le prenant pour Colombine, le contemple un instant

avec admiration et le montre à tous en ayant l'air de dire: Prenez exemple!

Il s'approche alors de la table et y pose ses deux mains en se penchant pour regarder Pierrot. Celui-ci feint de ne rien voir et met le fer bouillant sur les mains du bailli, qui bondit en faisant une grimace horrible.

Pierrot se confond en excuses. — C'est son voile qui l'empêchait de voir! — Le bailli essaie de sourire, en faisant signe qu'*elle* ne lui a pas fait de mal — au contraire. — Puis, il lui demande si elle est prête. Pierrot fait la révérence.

Le bailli lui demande la permission de l'embrasser. Pierrot recule d'un air pudique. Le bailli sourit et exprime qu'à son âge, cela n'a plus d'importance. Pierrot avance le front, en tenant toujours son voile rabattu. Le bailli y dépose un baiser et regarde le public d'un air égrillard, en ayant l'air de dire : Ce n'est pas désagréable !

Il remet ensuite à Pierrot un sac d'écus. Celui-ci, ne contenant pas sa joie, fait un bond formidable en l'air. Stupéfaction du bailli! Pierrot reprend un air modeste.

— Ce n'est rien, dit-il, c'est nerveux !

— Puis, il cherche où mettre son bienheureux

sac. Se rappelant tout à coup le vide de son corsage, il y glisse le sac... d'un côté.

— Ce n'est pas complet, dit-il, mais bah !...

Le bailli de plus en plus étonné, lui offre le bras avec une nuance d'inquiétude. Après avoir magistralement fait le tour du théâtre, tous se disposent à sortir.

SCÈNE SEPTIÈME.

Colombine entre, retour du village. Etonnement général.

— Comment, vous! dit le bailli, qui masque Pierrot.

— Eh bien! oui, moi, reprend Colombine. J'ai dû porter de l'ouvrage aux clients et je reviens m'habiller. Ce ne sera pas long.

— Mais, si vous êtes là, quelle est cette rosière? il montre Pierrot, qui fait la révérence.

Colombine court à lui et lui relève le voile.

— Pierrot!

Le bailli lève les bras au ciel avec indignation. Les paysans se tordent de rire.

— C'est ce fantoche que j'ai chastement baisé au front, et à qui j'ai donné un sac d'écus. Garde le baiser, mais rends l'argent !

Et il se précipite sur Pierrot, lui dégrafe son

corsage et cherche le sac. Pierrot se défend avec une pudeur comique. Il repousse le bailli, prend le sac et le donne à Colombine. Puis il retire son voile, le lui met sur le front et dit :

— Tout cela était pour rire ! N'a-t-on pas le droit de s'amuser un jour de fête ? Voici la rosière, la vraie, et c'est moi, la fausse, qui la conduirai à l'église.

Il se défait rapidement de sa robe pendant que Colombine arrange son voile et son bouquet. Lorsqu'elle est suffisamment parée, elle appuie sa main sur celle de Pierrot et tous deux prennent la tête du cortège, qui se met en marche au milieu des danses et des instruments de musique.

PIERROT AMOUREUX

PERSONNAGES

PIERROT.

CASSANDRE.

ISABELLE.

La musique de cette pantomime a été composée par
M. Hervé.

PIERROT AMOUREUX

Le théâtre représente une cuisine de campagne servant de salle à manger. Meubles et ustensiles habituels. Portes au fond et à gauche.

SCÈNE PREMIÈRE.

Au lever du rideau, Cassandre est assis à une table et écrit. Isabelle, de l'autre côté de la scène, fait de la tapisserie.

Cassandre pose sa plume, se relit, fait un geste de satisfaction et cachète sa lettre. Puis il s'approche d'Isabelle et lui montrant la lettre, il semble lui demander à qui elle croit qu'elle peut bien être adressée. Isabelle fait signe qu'elle ne s'en doute pas.

— A un homme à grande perruque et longue robe, répond Cassandre, au notaire, en un mot, qui viendra tout à l'heure ici pour rédiger notre contrat de mariage. Car je t'épouse sans tarder davantage.

Isabelle proteste. Elle ne veut pas d'un mari vieux et laid.

Cassandre insiste en lui promettant d'être galant, gracieux, aimable, de faire tout ce qu'elle voudra. Isabelle persiste dans son refus. Cassandre fait signe au public que sa colère s'apaisera et qu'il arrivera à ses fins.

SCÈNE DEUXIÈME.

Pierrot entre en domestique. Il est chargé de provisions. Des légumes, sortant à moitié de son panier, l'empêchent d'abord de franchir la porte.

Cassandre examine son panier et lui demande combien il a dépensé au marché.

Pierrot détaille ses achats. Jeux de scène comiques à volonté. Il termine en exprimant — en aparté — qu'il a fait danser l'anse du panier.

Cassandre ordonne à Pierrot de ranger le tout et d'aller porter ensuite au notaire la lettre qu'il vient d'écrire.

Pierrot obéit et lorsque Cassandre lui a remis

la lettre, il remonte en cherchant à lire ce qu'elle contient.

Cassandre corrige Pierrot qui sort par le fond, tandis que lui-même entre dans son appartement par la porte à gauche.

SCÈNE TROISIÈME.

A peine a-t-il fermé cette porte que Pierrot entr'ouvre avec précaution celle qu'il vient de franchir. Après s'être bien assuré qu'Isabelle se trouve seule, il s'approche d'elle et l'accable de reproches.

— Si je vais chez le notaire, c'est évidemment pour qu'il vienne ici et qu'il fasse le contrat qui doit vous lier à Cassandre. Et moi ! moi, qui ai pris ce costume de domestique pour me rapprocher de vous, moi qui, par amour, achète des carottes et fais des sauces ! N'est-ce donc rien que cela ?

Isabelle le calme, elle l'assure de nouveau qu'elle n'aime que lui. C'est Cassandre qui veut l'épouser ! Mais elle résistera.

Pierrot la remercie passionnément et lui propose d'ouvrir la lettre de Cassandre.

Isabelle cherche à l'en dissuader. Mais Pierrot

insiste dans l'intérêt de leur amour, il faut qu'ils sachent ce que machine le tuteur et, après un geste délibéré, il ouvre la lettre. Il reste interdit à cette lecture. Isabelle, qui a lu par dessus son épaule, lui enlève l'épître, la déchire et la jette.

Pierrot, consolé et ravi, tombe à ses genoux, lui embrasse les mains. Pendant qu'ils se font des caresses, Cassandre les surprend.

SCÈNE TROISIÈME.

Il lève les bras au ciel dans une attitude stupéfaite et indignée. Puis il sépare violemment les deux amoureux et les accable de reproches.

A Isabelle, il demande si elle n'a pas honte d'encourager ainsi un valet. Isabelle répond que sa frimousse lui plaît, qu'il est jeune et bien portant et qu'elle préfère un amoureux de la sorte à un mari vieux et perclus de douleurs.

Cassandre se redresse, et bien que toujours irrité, s'efforce, par sa tenue allègre, de lui prouver qu'il est aussi gaillard que Pierrot. Une quinte de toux lui coupe la respiration et toujours toussant, il jette sur Pierrot, qui rit de côté, des regards d'indignation et de mépris ;

en même temps il force Isabelle à rentrer dans l'appartement.

SCÈNE QUATRIÈME.

Lorqu'elle est sortie, il revient vers Pierrot, et lui annonce qu'après ce qui vient de se passer, il n'a plus qu'à déguerpir ; et il lui montre la porte avec une politesse ironique.

— Soit, dit Pierrot, et il avance la main en demandant ses gages.

Cassandre lui répond qu'il ne lui donnera rien : tant pis pour lui ; il ne fallait pas qu'il trahisse sa confiance.

Pierrot, à son tour, s'emporte ; il saisit un bâton et se promène, furieux, de long en large sur le théâtre, en agitant son bâton, en frappant sur les meubles. Chaque fois qu'il passe près de Cassandre, il lui allonge, comme par mégarde, un coup sur les reins, le dos, les jambes, la tête.

Cassandre se gare en fuyant de tous côtés, et finit par tomber anéanti dans un fauteuil. Pierrot donne un dernier coup formidable dans le dossier du fauteuil et se sauve.

SCÈNE CINQUIÈME.

Rentrée d'Isabelle attirée par le bruit. Elle demande ce qui se passe, et voyant Cassandre, abattu dans un fauteuil, s'inquiète avec intérêt de son état.

Le tuteur lui raconte la scène qui vient d'avoir lieu, et termine en remerciant Isabelle de l'intérêt qu'elle lui témoigne. Il en profite pour essayer une nouvelle déclaration, entrecoupée comiquement par les gestes de souffrance que lui arrachent les coups qu'il a reçus.

Isabelle le repousse, refuse de l'entendre et s'échappe. Cassandre court après elle autour des meubles, mais, plus alerte, elle le fait tourner plusieurs fois autour de la scène, et le tuteur finit par tomber harassé dans un fauteuil.

SCÈNE SIXIÈME.

Pierrot entre déguisé en tabellion : grande robe noire, large perruque et lunettes. Il arrive d'un air important, et est reçu par Cassandre avec force politesses.

Pierrot profite des salutations pour faire quelques niches au tuteur : en s'inclinant, il lui met sa perruque dans le nez ; puis il avance une jambe et écrase le pied de Cassandre, et toujours, après chaque niche, il s'excuse poliment de sa maladresse.

Une fois assis, Pierrot demande au tuteur les papiers nécessaires à la rédaction du contrat. Pendant l'absence de Cassandre, Pierrot se lève vivement, se fait reconnaître d'Isabelle et lui dit que, grâce à ce costume, il lui prouvera facilement que son tuteur cherche à s'emparer de sa dot.

SCÈNE SEPTIÈME.

Cassandre revient, porteur d'un portefeuille contenant des papiers et des billets de banque.

« La femme est jolie, dit-il en aparté, en jetant un coup d'œil sur Isabelle. Mais l'argent la vaut bien ! » et il caresse amoureusement le portefeuille.

— Bientôt, ajoute-t-il, quand j'aurai épousé Isabelle, la femme et l'argent seront à moi.

Pierrot interrompt l'aparté en venant par derrière enlever le portefeuille que Cassandre a remis sous son bras. Cassandre, surpris, commence par lutter pour sauver le trésor. Il tourne autour de Pierrot qui fait passer le portefeuille tantôt dans une main tantôt dans l'autre, qui pirouette, enfin se livre à une série de cascades.

Il va s'asseoir ensuite et, gravement, prépare le contrat. En examinant les pièces contenues dans le portefeuille, Pierrot en trouve une qui lui fait ouvrir de grands yeux : il manifeste sa surprise ; tandis que Cassandre lutine Isabelle, Pierrot, d'un air indigné apprend au public que cet argent appartient à Isabelle et que Cassandre voulait le mettre dans sa poche. Il adresse un geste ironique au tuteur, pour faire comprendre qu'il n'aura ni la femme ni l'argent.

Pierrot termine le contrat, et après la signature il rend à Cassandre le portefeuille, et glisse en cachette à Isabelle la pièce qu'il vient d'y trouver, et qui est de nature à l'éclairer surla délicatesse de son tuteur. Il se retire après force salutations comiques.

SCÈNE HUITIÈME.

Cassandre est enchanté. Il croit posséder Isabelle et sa dot et il exprime à sa pupille toute sa satisfaction. Isabelle de son côté témoigne son mécontentement.

— Bah ! bah ! répond Cassandre. Cela se passera !

Il dépose le portefeuille dans un coffre-fort et il propose à Isabelle d'aller faire un tour de promenade. Isabelle hésite, et, par ennui, se décide à accepter. Cassandre la prie de l'aider à s'habiller. Pendant qu'elle lui passe son habit et lui attache sa cravate, Cassandre veut la lutiner. Isabelle le repousse, lui tape sur les mains quand il veut lui prendre la taille, le bouscule et l'habille tout de travers.

Au moment où ils se préparent à sortir, Pierrot entre, déguisé en cuisinière.

SCÈNE NEUVIÈME.

Pierrot se confond en salutations adressées à Cassandre et à Isabelle.

Cassandre impatienté de ses salamalecs, le met en demeure d'expliquer le motif de sa visite.

Pierrot lui présente une lettre dans laquelle on le recommande à Cassandre comme bonne à tout faire. Celui-ci l'examine. Sa bonne figure réjouie lui plaît, ainsi que ses autres avantages extérieurs. Il lui demande ce qu'il sait faire.

Pierrot répond qu'il frotte, fend du bois, fait la cuisine d'une façon supérieure, et joue du trombone. Le bonhomme paraît satisfait. Il montre à Pierrot la cuisine et les ustensiles, et lui commande de préparer le dîner pour le soir.

Au moment où il se dispose à sortir avec Isabelle à son bras, celle-ci reconnaît Pierrot qui lui fait un geste. Au mouvement de surprise qu'elle n'a pu maîtriser, Cassandre la regarde vivement et Isabelle, pour sauver la situation, fait comprendre qu'elle vient de faire un faux pas et de se tordre le pied. Pierrot et Cassandre la ramènent péniblement à un fauteuil, où elle se laisse tomber en gémissant du côté de Cassandre et en souriant malicieusement du côté de Pierrot. Elle demande qu'on aille chercher un médecin pour lui panser le pied.

Cassandre ordonne à Pierrot d'y courir à l'instant.

— Moi, répond Pierrot, non pas. D'abord, je ne sais pas où il demeure ; et puis je ne suis qu'une domestique, si j'insiste pour le ramener, il me flanquera à la porte. Tandis qu'à vous, monsieur, il ne pourra refuser de vous suivre.

Cassandre se rend à ce raisonnement et sort après avoir bien recommandé à Pierrot de veiller sur la malade, et de ne laisser personne pénétrer auprès d'elle.

SCÈNE DIXIÈME

A peine est-il sorti qu'ils courent l'un vers l'autre. Au moment où ils vont s'embrasser, Cassandre rentre. Isabelle se rejette sur le fauteuil et Pierrot semble lui arranger des coussins derrière le dos.

Cassandre explique que, dans son trouble, il oubliait sa canne. Pierrot la lui donne avec empressement et le reconduit pour bien s'assurer qu'il part.

Il revient se jeter aux pieds d'Isabelle dont il embrasse les mains. Nouvelle rentrée de Cassandre. Pierrot paraît tout occupé à glisser un coussin sous le pied de la malade. Cassandre explique que le temps est nébuleux et qu'il vient chercher un parapluie. Pierrot le lui donne en le gourmandant de tous ces retards.

SCÈNE ONZIÈME.

— Enfin ils vont être seuls, se disent-ils.

Pierrot déclare à Isabelle qu'il ne lui est plus possible de vivre sans elle et qu'il est décidé à l'enlever, si elle y consent.

Isabelle s'y refuse : ils ne sont pas mariés, mais elle promet de tout faire pour forcer son tuteur à consentir.

— Il y a un moyen. Avez-vous lu le papier que j'ai soustrait du portefeuille ?

— Non.

— Eh bien ! lisez-le et vous verrez quel parti vous pouvez en tirer pour contraindre votre tuteur.

Isabelle lit le papier. Elle se montre indignée.
— Ainsi son tuteur voulait simplement, en l'é-pousant, mettre sa dot dans sa poche ! — Tout simplement, dit Pierrot. — Elle se promet de lui mettre ce papier sous les yeux quand il va arriver.

— Du calme ! Du calme ! répond Pierrot. Il ne faut vous servir de ceci qu'au bon moment. Laissez-moi faire et cachez ceci.

Il demande à Isabelle, par manière de plaisanterie, comment va sa foulure. Elle répond en gémissant comiquement qu'elle souffre beaucoup.

Pierrot lui dit qu'il a un moyen excellent pour guérir les foulures. — Lequel ? — La danse !

Ils éclatent de rire et commmencent une valse, interrompue bientôt par l'arrivée de Cassandre. Isabelle se remet dans le fauteuil et Pierrot court à ses fourneaux.

SCÈNE DOUZIÈME.

Cassandre entre ruisselant. Un orage l'a surpris en route. Il remet son chapeau et son parapluie à Pierrot et s'approche d'Isabelle pour lui demander de ses nouvelles.

Elle lui fait signe qu'elle souffre toujours beaucoup.

Cassandre lui dit de prendre patience ; le médecin le suit. Il l'engage à se retirer dans sa chambre et à s'étendre sur son lit. Elle accepte. Il la conduit à la porte de sa chambre. Là, elle la remercie du geste et lui fait signe qu'elle n'a plus besoin d'aide.

SCÈNE TREIZIÈME.

Cassandre demande à Pierrot sa robe de chambre et son bonnet.

Pierrot lui retire d'abord une manche de son habit et croyant sentir sa sauce qui brûle, se dirige vivement vers son fourneau, entraînant Cassandre qui trébuche.

Après avoir retiré sa casserole du feu, il enlève la seconde manche de Cassandre. Il lui passe ensuite sa robe de chambre. Jeux de scène à volonté. Il se trompe de manche et, toujours préoccupé par sa cuisine, habille Cassandre à l'envers. Il faut recommencer. Cette fois, en agrafant la robe, il manque d'étrangler Cassandre.

Il lui enfonce ensuite son bonnet jusqu'au cou et retourne à ses fourneaux, pendant que le malheureux se débat avec sa coiffure. Enfin, il revoit le jour. Et il s'apprête à gourmander Pierrot, mais en le voyant éplucher des légumes avec ardeur, il ne peut s'empêcher d'admirer son zèle. Sa bonne mine aussi le réjouit et il s'approche galamment pour lui adresser un compliment.

A peine a-t-il commencé que Pierrot lui envoie une gifle formidable avec la carotte qu'il tenait à la main. Ce premier échec ne le décourage pas et il veut prendre la taille de Pierrot qui est retourné à sa casserole.

Pierrot lui saisit la main et la lui plonge dans la casserole. Hurlement de Cassandre. Pierrot paraît désolé de ce qu'il vient de faire, et pour calmer la brûlure verse de la farine sur la main à Cassandre. Celui-ci baisse la tête pour voir son mal, Pierrot achève de lui verser la farine sur la tête et dans le cou.

Cassandre, cette fois, se met en colère et menace Pierrot avec les pincettes qu'il a saisies. Pierrot les lui arrache des mains et le prenant par le nez lui fait faire le tour de la chambre. Contorsions de Cassandre, qui finit par tomber tout endolori sur un fauteuil.

Pierrot prend une pile d'assiettes et vient la briser à l'oreille de Cassandre qui sursaute et tombe évanoui.

Pierrot profite de cette pâmoison pour courir à la chambre d'Isabelle et l'appeler.

SCÈNE QUATORZIÈME.

Isabelle arrive. Pierrot lui demande le portefeuille de son tuteur et lui explique qu'il va sortir pour reprendre ses véritables habits et qu'il reviendra de suite.

Isabelle lui fait signe que le portefeuille est déposé dans le coffre-fort. Pierrot prend la clef dans la poche de Cassandre, ouvre le meuble, prend le portefeuille et se sauve lestement après avoir baisé la main d'Isabelle.

SCÈNE QUINZIÈME.

Cassandre reprend ses sens peu à peu et trouvant Isabelle près de lui, il lui exprime sa gratitude des intentions délicates qu'elle a pour lui.

Tout à coup ses yeux se portent vers le coffre-fort qu'il voit ouvert ; il se lève brusquement. Ses mains fouillent le meuble avec fièvre. Rien ! L'émotion est si forte, qu'il porte sa main à la gorge, comme si quelque chose l'étouffait, recule de quelques pas et tombe par terre contre le fauteuil.

SCÈNE SEIZIÈME.

Isabelle effrayée court à la porte. A ce moment Pierrot entre en costume traditionnel.

Isabelle lui montre Cassandre et lui explique rapidement ce qui s'est passé.

Pierrrot la rassure. Il a un moyen de faire revenir le vieil avare. Il s'agenouille devant lui et lui passe à plusieurs reprises son portefeuille sous le nez. Les narines de Cassandre palpitent d'abord ; il ouvre ensuite un œil, puis deux et enfin voyant le portefeuille, se relève brusquement pour le saisir.

Pierrot l'arrête du bras et lui fait comprendre que ce n'est pas à lui qui il remettra cet argent mais à Isabelle à qu'il appartient. Et il donne le portefeuille à la jeune fille.

Cassandre proteste, menace. Pierrot demande alors à Isabelle la pièce qu'il lui a remise précédemment et l'exhibe à Cassandre, qui reste confondu.

Il jette encore un regard humide sur le portefeuille ; ses mains crispées se tendent vers lui, enfin devant l'attitude énergique de Pierrot, il s'enfuit en levant les bras au ciel.

Pierrot tombe aux genoux d'Isabelle.

LA STATUE

PERSONNAGES

ARLEQUIN.

PIERROT.

CASSANDRE.

COLOMBINE.

NOUKAHIVA, négresse.

Cette pantomime a été également représentée sous le titre :
L'Automate.

LA STATUE

Le théâtre représente un jardin. A gauche, une maison.
A droite, au second plan, une statue [1].

SCÈNE PREMIÈRE.

Arlequin entre en scène. Il explique qu'il attend
Colombine qu'il aime. Elle lui a donné rendez-
vous ici. Mais il ne la voit pas venir et il se
désespère de ce contre-temps.

SCÈNE DEUXIÈME.

Au moment où las d'attendre, Arlequin se

1. Pour plus de vraisemblance, la statue peut représenter
Arlequin, le personnage de la pièce devant prendre sa place.
Arlequin de son côté peut être habillé en blanc, ce qui va-
rie d'ailleurs le costume classique. Nous sommes en pleine
fantaisie.

dispose à partir, la porte de la maison s'ouvre et Colombine paraît. Arlequin se précipite au-devant d'elle. Il lui dit quelle joie il a de la voir. — Quand je suis loin, seul, je suis triste ; mais ici, près de vous, j'oublie tout et je suis heureux, très heureux.

Colombine écoute en souriant ces aimables paroles, et lui serrant la main tendrement, lui fait comprendre qu'elle aussi est très heureuse près de lui. — C'est si triste dans cette maison. Cassandre est toujours grognon, brutal même — Ah ! je suis lasse de cette vie, mon pauvre Arlequin ; j'aimerais mieux mourir. — Non, certes, s'écrie Arlequin, je suis là et je saurai bien, par un moyen quelconque, vous arracher à cet odieux tuteur. Mais surtout ne doutez pas de l'amour que j'ai pour vous. — J'y crois dit Colombine, en le regardant avec tendresse.

Sur ces entrefaites, la porte s'ouvre et Arlequin n'a que le temps de se cacher dans le bosquet où se trouve le banc.

SCÈNE TROISIÈME.

Cassandre adresse des reproches à Colombine. Au fait, elle est là à bâiller aux corneilles.

Elle ferait mieux de travailler. Il lui ordonne de rentrer. Colombine refuse sous prétexte qu'elle a besoin d'air. — Besoin d'air? Vous prendrez l'air à votre fenêtre. Allons, rentrez. — Colombine ne bouge pas. Il s'approche d'elle pour la prendre par le bras, mais Colombine lui échappe et passe lestement de l'autre côté du théâtre.

Furieux, Cassandre ouvre la porte de la maison et appelle ses domestiques pour s'emparer de Colombine.—«Vous êtes un tyran, un monstre dit Colombine. N'approchez pas ou je vous griffe, je vous égratigne!» Elle le menace de ses ongles. Elle lui fait entendre qu'elle lui échappera un jour.

SCÈNE QUATRIÈME.

Pierrot et Noukahiva sont entrés sur l'appel de Cassandre. En voyant leur maître occupé, ils se font des agaceries et esquissent un duo d'amour comique.

Sur l'ordre de Cassandre, Pierrot reconduit Colombine. Noukahiva reçoit des recommandations au sujet du dîner qui devra être servi dans le jardin. Elle court rejoindre Pierrot.

SCÈNE CINQUIÈME.

Cassandre, resté seul, regarde de tous côtés pour s'assurer que personne ne le voit. Il tire un sac de sa poche et indique qu'il va le placer dans le piédestal de la statue. Au moment où il y arrive, il croit entendre du bruit, cache vivement le sac qu'il tient à la main et s'éloigne de la statue. Rassuré bientôt, il y revient, ouvre le piédestal et semble ravi en contemplant son trésor. Il y ajoute le sac qu'il a apporté, après lui avoir donné un baiser. Puis il s'éloigne en se retournant de temps en temps et jetant des regards heureux vers la statue. Il rentre chez lui.

SCÈNE SIXIÈME.

Arlequin a tout vu. Il rentre en scène en raillant l'avarice de Cassandre, et mime, en l'abrégeant et en la parodiant, la scène à laquelle il vient d'assister. Bientôt il se frappe le front : il lui vient une idée. Il se propose de se substituer à la statue, afin de tout surveiller et de profiter d'une occasion pour mettre la main sur le trésor de Cassandre. Il appelle Colombine.

SCÈNE SEPTIÈME.

Il lui fait part de son projet. Elle l'approuve avec joie. On entend du bruit dans la coulisse. Colombine se sauve.

SCÈNE HUITIÈME.

Arlequin rapidement s'assure qu'il est bien seul, enlève la statue qu'il cache et se met à sa place.

SCÈNE NEUVIÈME.

Pierrot et Noukahiva entrent. Ils viennent mettre la table pour le dîner dans le jardin. Ils l'installent au pied de la statue. Au moment où Noukahiva passe devant Pierrot pour aller prendre la nappe qu'elle a déposée sur le banc, Pierrot, qui s'est assis sur la table, la retient par sa robe. Mine de Noukahiva. Pierrot lui fait un œil engageant. Elle veut résister d'abord, dit à Pierrot qu'il va lui faire perdre son temps, puis, vaincue, s'asseoit à côté de Pierrot sur la table.

Pierrot demande à Noukahiva un baiser. Attitudes pudiques de la négresse qui finit par consentir. Au moment où Pierrot approche sa face blanche des joues noires de Noukahiva, Arlequin qui a suivi cette scène, en se tordant de rire, soulève la table et le couple glisse à terre. Noukahiva, croyant à une mauvaise farce de Pierrot, le gifle ; Pierrot, se justifie et lui fait comprendre que c'est la table qui a basculé, Noukahiva hausse les épaules, en lui montrant la table toujours sur ses pieds.

—Pourtant, elle a remué, semble dire Pierrot. Recommençons l'expérience, propose-t-il, et nous verrons bien.

— Soit, j'aurai l'œil, répond Noukahiva.

Ils s'installent de nouveau après avoir vérifié la solidité de la table. Pierrot, à moitié rassuré, surveille la table et ne s'occupe pas de Noukahiva qui lui pince le bras pour attirer son attention. Pierrot se dispose à l'embrasser ; mais au moment où il s'approche, il se retourne brusquement et maintient la table, comme s'il l'avait senti remuer.

Arlequin, du plat de sa batte, chatouille la joue de Noukahiva, qui croit à une caresse de

Pierrot et se trémousse d'aise. Elle allonge la main de son côté, sans s'apercevoir de sa posture (*Il est à plat ventre sur a table*).

Au moment où elle va mettre la main sur la partie postérieure de Pierrot, Arlequin lui cingle un coup de batte sur la joue et Noukahiva, furieuse, abat brusquement et vigoureusement la main sur Pierrot qui sursaute ; mais la négresse reconnaissant à quel visage elle a affaire, le maintient solidement et lui applique une correction énergique. — Après quoi, elle se sauve.

SCÈNE DIXIÈME.

Pierrot se relève en se frottant les reins. Il fait un geste de menace du côté où Noukahiva s'est enfuie. Enfin, il prend son parti et se dispose à mettre la table. Il étend la nappe avec soin et va chercher les couverts.

Pendant qu'il a le dos tourné, Arlequin tire la nappe et la jette à terre. Surprise de Pierrot en arrivant avec les couverts. Il remet la nappe. Même jeu, une seconde fois.

Pierrot croyant que c'est le vent qui la jette à terre, prend ses couverts sous son bras, étend la nappe en s'étendant dessus lui-même et la maintient en plaçant dessus les couverts dans cette position.

Au moment où il va finir, Arlequin lui envoie un coup de batte. Il se retourne brusquement et en se relevant entraîne nappe, couverts et table.

Il se redresse, ahuri, en contemplant le désastre : il en a chaud. Enfin, il se remet à l'ouvrage, en prenant mille précautions et le couvert se trouve dressé sans autre accident.

Le couvert une fois dressé, Pierrot va chercher un panier de vin. Tenté par le parfum du vin qu'il vient de déboucher et qu'il respire à pleines narines, il se verse une rasade. De rasade en rasade, il finit par boire toute une bouteille, ce qui lui donne une pointe d'ivresse.

Au moment d'entamer la seconde, il hésite, lutte quelque temps contre la tentation, puis succombe et se verse un nouveau verre. Il lève le bras comme un homme qui va porter un toast. Grâce à ce geste, le verre se trouve à portée de la main d'Arlequin qui le prend et le boit.

Pendant qu'il vide le verre, Pierrot tremble de frayeur, il se frotte les yeux, se pince pour s'assurer qu'il ne dort pas, finalement il lève les bras dans un geste de stupéfaction et Arlequin en profite pour lui replacer le verre en main.

Pierrot complètement affolé de peur, se sauve et court appeler Cassandre.

SCÈNE ONZIÈME.

Cassandre entre en scène. Il trouve Pierrot transi de peur et lui demande ce qui se passe. Pierrot se jette à ses genoux et commence par le prier de lui pardonner, s'il a quelque chose à se reprocher en cette circonstance. Cassandre demande que signifie tout cela.

Pierrot lui raconte alors qu'il a voulu goûter le vin, qu'il s'en est versé un verre, un seul, et que la statue le lui a pris des mains pour le vider à sa place.

Cassandre hausse les épaules et soupçonne Pierrot de lui faire un conte. Il s'approche de la table et de la statue qui ne bouge pas. Mais, sur la table il aperçoit la bouteille vide et celle qui est entamée et il croit comprendre que Pierrot, ivre, a inventé cette histoire pour dissimuler son vol.

Il le confond, lui dit qu'il sent le vin et le rosse malgré ses protestations. Puis il l'entraîne hors de scène, en le tirant par l'oreille.

SCÈNE DOUZIÈME.

Arlequin descend de son piédestal en riant des scènes qu'il vient de provoquer.

Colombine entre doucement en surveillant de l'œil la maison. Il va au-devant d'elle, lui demande si elle est prête à le suivre, et, sur sa réponse affirmative, il lui dit qu'il va troubler le repas par ses farces et qu'ils profiteront du bouleversement jeté au milieu des convives pour s'échapper. Colombine lui promet de le seconder.

On entend Cassandre à la cantonade. Arlequin remonte vivement sur son piédestal.

SCÈNE TREIZIÈME.

Cassandre arrive, bientôt, suivi de Pierrot et de Noukahiva portant le dîner.

Pierrot arrive le dernier, l'air embarrassé, et jetant des regards peu rassurés du côté de la statue.

A table, Cassandre, se montre plein de prévenances pour Colombine qui, par dissimulation, répond à ses gracieusetés par des airs aimables.

Derrière eux, et tout en servant, Noukahiva et Pierrot s'envoient des baisers, mais celui-ci a des attitudes inquiètes, chaque fois que les nécessités du service l'obligent à passer à côté de la statue. A certain moment, Noukahiva lui touche l'épaule : Pierrot, saisi de frayeur, laisse échapper une pile d'assiettes.

Colère de Cassandre. Pierrot s'excuse en disant qu'il a cru être touché par la statue. Cassandre et Noukahiva le raillent et le premier, pour prouver à Pierrot qu'il est un sot, prend un verre en main, et, levant les deux bras, il se tourne vers la statue et se balance légèrement d'une façon goguenarde.

La statue répète les gestes et les mouvements de Cassandre que la stupéfaction fait tomber sur son siège. Pierrot triomphe tout en mourant de peur.

Mais, comme la statue a repris son attitude immobile, Cassandre se persuade qu'il a mal vu, qu'il a sans doute eu un éblouissement parce qu'il a bu un coup de trop. Colombine et Noukahiva le rassurent d'ailleurs : elles n'ont rien vu. La négresse va inspecter la statue qui ne bouge pas. Cassandre, rassuré, se décide à tenter une seconde épreuve : il invite la statue à venir prendre place à table et partager la fin du repas.

Arlequin baisse automatiquement la tête pour indiquer qu'il accepte et descend du piédestal avec la raideur d'une statue.

Noukahiva se cache effrayée sous la table. Cassandre et Pierrot, morts de peur, s'accotent dos à dos en flageolant. Pierrot fait des signes de croix et son *meâ culpâ*. Insensiblement, au fur et à mesure que la statue approche, ils se laissent glisser mains contre terre.

Alors, Arlequin, prestement enlace Colombine et tous deux s'enfuient en leur adressant un pied de nez.

SCÈNE QUATORZIÈME.

Tout d'abord les trois personnages restent dans la même position, comme écrasés de peur et de surprise. La négresse passe sa tête sous la nappe ; au même instant Cassandre, frappé de l'idée qu'il vient d'être mystifié par Arlequin, se dresse brusquement sur ses jambes ; Pierrot qui s'appuie sur lui, s'étend tout de son long et Noukahiva rentre sa tête sous la table.

Cassandre relève Pierrot par le fond de la culotte, et tire Noukahiva de dessous la table, malgré les protestations de la négresse. Il leur explique qu'ils viennent d'être joués par Arlequin et leur demande de courir avec lui, après les fugitifs.

Pierrot consent avec empressement en se promettant de se venger ; il ramasse un gourdin à cet effet et se propose d'en caresser les épaules d'Arlequin. Tous trois se précipitent sur ses traces.

SCÈNE QUINZIÈME.

A peine sont-ils sortis, qu'Arlequin et Colombine rentrent en se dissimulant derrière le bosquet.

Arlequin court au piédestal de la statue, en tire le trésor de Cassandre, en expliquant à Colombine qu'il obligera son tuteur à choisir entre elle et son or ; il ne doute pas de la préférence de Cassandre pour son trésor. Ils se sauvent d'un autre côté.

SCÈNE SEIZIÈME.

Cassandre arrive ; essoufflé, il s'abat sur le banc, mais• bientôt, apercevant la porte du piédestal ouverte, il se précipite de ce côté et constate avec désespoir que sa cassette a disparu [1].

« Je suis perdu ; on m'a dérobé mon argent. » Qui peut-ce être? Qu'est-il devenu? Où est-il, » Où se cache mon voleur? Que ferai-je pour le » trouver? Où courir ? Où ne pas courir? N'est- » il point là? N'est-il point ici? Qui est-ce? Ar- » rête...... (*A lui-même, en se prenant par le* » *bras*). Rends-moi mon argent....... Ah! c'est » moi....... Mon esprit est troublé et j'ignore » où je suis et ce que je fais? Hélas! mon pau- » vre argent, mon cher ami, on m'a privé de toi ! » et puisque tu m'es enlevé, j'ai perdu ma joie, » tout est fini pour moi. C'en est fait, je n'en puis » plus ; je me meurs, je suis mort, je suis en- » terré. (*Il s'étend à terre. Silence. Se redressant* » *tout à coup :*) Hé! Que dites-vous? Ce n'est per- » sonne. Sortons ; je veux aller quérir la jus-

---

1. On reconnaîtra dans le passage suivant, le fameux mo- nologue de l'*Avare*. Nous en avons simplement supprimé les détails que la pantomime aurait été impuissante à exprimer

» tice !....... Que de gens assemblés! Hé! De
» quoi est-ce qu'on parle là? De celui qui m'a
» dérobé? Quel bruit fait-on là-haut? Est-ce mon
» voleur qui y est? N'est-il point caché parmi
» vous? Ils me regardent tous et se mettent
» à rire. Allons, je vais faire pendre tout le
» monde, et si je ne retrouve mon argent, je me
» pendrai moi-même après. »

SCÈNE DIX-SEPTIÈME.

Au moment où il se dispose à sortir, Arlequin
et Colombine paraissent d'un côté, tandis que
Noukahiva et Pierrot arrivent de l'autre.

En voyant sa cassette sous le bras d'Arlequin,
Cassandre se précipite pour la lui prendre, Arlequin la défend à coups de batte et ordonne à
Cassandre de prendre patience. Puis, il lui déclare qu'il ait à choisir entre son trésor et Colombine : il lui rend l'argent s'il veut lui céder
sa pupille. Cassandre consent en déclarant qu'il
ne donnera pas un sou de dot. Arlequin et Colombine lui déclarent qu'ils s'en moquent. Cassandre reprend sa cassette avec joie.

A ce moment, Pierrot s'adresse à lui à son
tour et lui demande, puisque tout le monde est
heureux, de lui donner Noukahiva en mariage.

Cassandre éclate de rire, mais consent. Pierrot
et la négresse se donnent une accolade, et lorsqu'ils se retournent pour saluer le public avec
les autres personnages, Pierrot a les joues
noircies et Noukahiva les joues blanches !

UN

TÉNOR DANS L'EMBARRAS

PERSONNAGES

PIERROT.
UN PIANISTE.

UN
TÉNOR DANS L'EMBARRAS

Pierrot entre en scène en tenue de soirée, habit noir et cravate blanche. Un cache-nez lui entoure deux fois le cou. Il tient à la main un cahier de musique.

Après les trois saluts d'usage au public, il feuillette fiévreusement son cahier, s'arrête enfin à une page d'un air de satisfaction. Il s'approche du pianiste qui doit l'accompagner et qui est entré derrière lui, dépose la partition sur le pupitre du piano et donne quelques indications à l'instrumentiste. Il revient en scène et tout en prenant des poses d'une infatuation comique, il fait signe au pianiste de commencer. Celui-ci joue une ritournelle.

Pierrot, qui a porté la main à sa gorge en toussant légèrement pour faire comprendre au public qu'il est un peu enroué, s'aperçoit qu'il a oublié de retirer son cache-nez. Il se précipite auprès du pianiste, l'arrête et enlève l'objet en question qu'il ne sait ensuite où placer. Après quelques hésitations, il ouvre le couvercle du piano et fait disparaître son cache-nez dans l'instrument. Désespoir du pianiste qui proteste énergiquement.

Pierrot hausse les épaules et revient au milieu de la scène avec un air de raillerie à l'égard du pianiste : « Il est rigolo! » dit-il [1].

Nouvelle ritournelle. Mécontentement de Pierrot qui adresse des excuses au public et arrête le pianiste une seconde fois. Ce n'est pas ce morceau-là; il tourne les pages avec impatience et trouve enfin celui qu'il faut jouer.

Pierrot revient en scène et se dispose à chanter. Mais le pianiste est distrait, il regarde dans la salle et ne voit pas les signes désespérés de

1. Ces paroles sont toujours réellement prononcées par Paul Legrand qui use alors d'une voix de tête et de nez très atténuée. Il faut qu'on les entende distinctement sans pourtant qu'elles soient émises trop haut. On obtient ainsi un effet de bizarrerie qui demande à être employé très discrètement. Telle est la tradition. Mais on peut s'y soustraire et se contenter de mimer les paroles en question.

Pierrot. D'une main fiévreuse, celui-ci tape sur
l'instrument pour le rappeler à l'ordre. Protestations de l'accompagnateur. Dispute. Pierrot,
furieux, saisit le pianiste aux cheveux : la perruque à longs cheveux lui reste à la main et
laisse voir un crâne absolument nu ! Pierrot
ouvre de nouveau le piano et envoie la perruque rejoindre le cache-nez. Il ordonne ensuite
énergiquement au pianiste de commencer. Celui-
ci attaque nerveusement la ritournelle de l'air :
« Ah ! quel plaisir d'être soldat ! »

Au moment de commencer, le ténor fait un
geste et casse une bretelle. Il porte vivement
la main à son pantalon et se retire au fond de
la scène, en s'excusant, pour réparer le désordre de sa toilette.

Il s'avance de nouveau. Le pianiste recommence et le même jeu de scène se reproduit.
Cette fois, c'est l'autre bretelle qui casse. Nouvelle confusion de Pierrot, qui témoigne en
même temps son irritation de tous ces contre-
temps.

Enfin, le voilà prêt. Ritournelle. Pierrot ouvre la bouche, mais il est pris d'une quinte de
toux. Il fouille précipitamment dans sa poche
et en tire un étui de pastilles, qu'il montre
au public en exprimant qu'une seule suffira

pour le calmer et lui rendre la voix claire [1].

Nouvelle tentative infructueuse pour chanter. Pierrot désespéré avale une seconde pastille. Elle ne produit pas meilleur effet et il se décide à avaler la boîte, contenant et contenu [2].

Naturellement, cela ne passe pas facilement et Pierrot se livre à des gestes pénibles du cou et de la gorge, comme les canards qui ont avalé un trop gros morceau. Enfin, c'est fini ! Pierrot se sent mieux, il va pouvoir chanter.

Le pianiste recommence. Pierrot prend des attitudes assurées et ouvre la bouche. Rien ne sort ! Comment faire ? Il se frappe le front et se rappelle qu'il a en poche un élixir merveilleux. Il tire un petit flacon et boit, après s'être encore une fois excusé.

Cette fois cela va tout à fait bien. En effet, la ritournelle s'achève sans autre accident et Pierrot mime le couplet dont la musique est exécutée au piano :

> Ah ! quel plaisir d'être soldat !
> On sert par sa vaillance

---

1. Ici, Paul Legrand, en avalant une pastille, émet un claquement sonore de la gorge. Cet artifice comique, fréquemment employé aussi par un autre artiste, Berthelier, ne peut être qu'indiqué.

2. Il est facile de faire disparaître adroitement la boîte tout en paraissant l'avaler réellement.

Et son prince et l'Etat.
Et gaîment on s'élance,
De l'amour au combat !
Ah ! quel plaisir d'être soldat !

Sitôt que la trompette sonne,
Sitôt qu'on entend les tambours,
Il court dans les champs de Bellone
En riant exposer ses jours.
Ecoutez ces cris de victoire,
De la gaîté c'est le signal :
« Amis buvons à notre gloire...
« Buvons à notre général !... »
Ah ! quel plaisir d'être soldat !
                    Etc.

Quand la paix, prix de son courage,
Le ramène dans son village,
Pour lui quel spectacle nouveau !
Chacun et l'entoure et l'embrasse :
« C'est lui ! c'est l'honneur du hameau! »
La beauté sourit avec grâce
Le vieillard même, quand il passe,
Porte la main à son chapeau.
Et sa mère est-elle heureuse !

Regardant autour de lui.

Mais j'avais une amoureuse :

Souriant.

Ou donc est-elle ? J'entends,
Je comprends ....

Soupirant et reprenant gaîment.

Ah ! quel plaisir d'être soldat !
                    Etc.

A la fin, un bruit étrange sort de sa bouche. Pierrot y porte vivement la main et en tire avec étonnement un chat.

En présence de ce nouvel accident, il s'excuse auprès du public; décidément, il ne lui sera pas possible de chanter ce soir, il préfère y renoncer et s'en va en exprimant tout son désappointement.

LA
FIANCÉE DE CARTON

PERSONNAGES

PIERROT.
COLOMBINE.

LA
FIANCÉE DE CARTON

Le théâtre représente un atelier. Porte à droite et à gauche,
premier plan. Au deuxième plan à droite, une fenêtre. Au
fond, une grande horloge. A gauche, au second plan, un
paravent déployé. Au premier plan à droite, un établi sur
lequel gisent des poupées inachevées, des étoffes, des pots
de couleurs, des pinceaux, des outils.

SCÈNE PREMIÈRE.

Pierrot entre par la porte de gauche avec un
bouquet de fleurs d'oranger à la main. Il descend sur le devant de la scène et montre en
souriant son bouquet au public. — Il est joli,
n'est-ce pas? Eh bien, c'est pour moi! Oui,
messieurs! — Désignant alors l'horloge accro-
chée au mur et montrant ensuite deux doigts

de sa main, il fait comprendre que dans deux heures, il aura le plaisir d'attacher ce bouquet à sa casaque pour aller se marier. Il mime les différents événements de sa journée de noces [1]. Il entre majestueusement sous les voûtes de l'église. L'orgue éclate et fait entendre une introduction solennelle. Le voici devant l'autel; il s'incline et désigne un prie-Dieu à sa fiancée. Lui-même s'agenouille et reste un moment dans l'attitude de la prière. Il prend ensuite la main de la jeune fille et lui met au doigt l'anneau nuptial ! Il s'incline de nouveau. Les chants s'élèvent; les encensoirs lancent des nuages parfumés ; l'orgue attaque une marche nuptiale. Pierrot offre la main à sa femme et remonte la scène à pas comptés.

Il redescend ensuite vers le public en dansant et en se frottant gaiement les mains. Et maintenant : Vive la joie ! — On se met à table; on mange, on rit ; on boit, on rit encore plus fort. On boit même un peu trop et les jambes sont un peu lourdes quand on se lève pour dan-

----

1. L'accompagnement musical devra être aussi pittoresque que possible dans toute cette scène et la rendra ainsi très intéressante. Introduction religieux, chants d'église, marche nuptiale, airs de danse, etc. ; on s'attachera à réunir tous les morceaux qui commenteront le plus heureusement l'action.

ser. Mais baste! on a encore la force de commencer un menuet.... qui finit en quadrille réaliste !

Au milieu d'un cavalier seul échevelé, Pierrot s'arrête tout d'un coup. Il écoute ; c'est l'horloge qui sonne. Dang! dang!... Minuit! Il fait signe à sa femme, pose son doigt sur sa bouche et, lui offrant le bras , l'emmène mystérieusement sans être vu des invités qui continuent à danser.

Les voici chez eux! Enfin seuls ! Il ouvre ses bras à sa chère petite femme et la presse tendrement sur son cœur. Puis, il s'éloigne de quelques pas pour mieux la contempler. Elle a tout pour elle : adorable visage, taille svelte. Il lui envoie force baisers. Alors, après avoir jeté un coup d'œil malicieux au public, il avance vers sa femme, en lui tendant les deux mains. Il lui prend les siennes et doucement, en marchant à reculons, il cherche à l'amener vers la chambre à coucher. La jeune fille s'échappe et fuit à l'autre bout de la scène. Pierrot, désappointé, regarde piteusement le public. Mais il ne se tient pas pour battu. Il s'avance de nouveau, suppliant, vers sa femme, la rassure et recommence le jeu de scène précédent ; la prenant par les mains, il marche à reculons vers la chambre, tout en lui disant : « Ne crains rien ! ne crains rien ! » Enfin ! il indique que la jeune fille passe rapidement devant lui et entre dans la chambre, où il pénètre à son tour après un geste triomphant au public.

Après avoir mimé cette scène, Pierrot parcourt le théâtre en esquivant quelques entrechats joyeux. Puis il s'arrête et regarde la pendule. Il a encore beaucoup de temps devant lui ; que va-t-il faire ? Ses yeux tombent sur sa table.

— Ma foi ! je vais travailler. C'est encore la meilleure manière de tuer le temps.

Il s'assied à son établi et prend une poupée. Il fait comprendre au public qu'il va lui peindre la figure. Deux taches noires pour les yeux. Bon ! Maintenant, deux lignes courbes pour les sourcils ; du vermillon sur les joues. — A-t-elle la figure réjouie ainsi ! — Ah ! la bouche. Un trait au vermillon. — Malheureusement notre peintre fait un faux mouvement et le trait va d'une oreille à l'autre. Il contemple d'un air navré cette entaille sanglante. Puis il éclate de rire en voyant l'effet grotesque de cette bouche démesurée. — Bah ! fait-il, tant pis ; c'est plus drôle !

Il dépose précieusement le jouet pour laisser sécher les couleurs et en prend un autre. Il s'agit cette fois d'habiller celui-ci. Il coupe un morceau d'étoffe et le drape sur la poupée. Tout en se livrant à ce travail, il explique au public qu'il a derrière le paravent une poupée beaucoup plus belle, de grandeur naturelle, son chef-d'œuvre !

La robe de la poupée est faite. Il l'examine. Oui, cela peut aller ainsi. — Il étend alors la poupée sur l'établi, prend une pointe dans une sébille, la pique à l'endroit voulu et pendant qu'il maintient d'une main la robe et la pointe, de l'autre, il cherche son marteau parmi les outils épars. Il ne le trouve pas ; il s'impatiente. Il réfléchit tout à coup qu'il a dû le laisser dans sa chambre. Il enfonce encore un peu la pointe dans la poupée avec ses doigts, s'assure que la robe tiendra ainsi suffisamment pendant son absence et il entre dans sa chambre.

SCÈNE DEUXIÈME.

La porte d'entrée s'ouvre avec précaution et l'on voit passer la gentille tête de Colombine. D'un coup d'œil elle parcourt la pièce et voit que Pierrot n'est pas là. Elle témoigne son étonnement par un jeu de physionomie et entre alors rapidement. Elle est en toilette de mariée.

— Pierrot est sorti sans doute, dit-elle ; je vais l'attendre.

Elle regarde l'horloge.

— Nous avons encore le temps avant d'aller à l'église, elle profite de sa solitude pour examiner curieusement l'atelier de son fiancé.

— Ah ! son établi. C'est gentil, tous ces outils. Cette poupée qu'il habille..... Elle est jolie, ma foi ! Oh ! celle-ci, quelle bouche ! Colombine fait ensuite le tour de la pièce. Elle regarde l'horloge, puis arrive devant le paravent. Elle va pour le tirer ; elle s'arrête. — Oh ! non ; ce serait indiscret. — Elle continue à inspecter l'atelier, mais d'une manière distraite ; ses yeux reviennent toujours au paravent et elle se retrouve enfin devant lui. Elle brûle du désir de savoir ce qu'il cache. — Bah ! elle est seule ! personne ne la verra.

Elle ouvre en partie le paravent de façon cependant que le public ne voit pas ce qui se trouve derrière.

Colombine, qui a aperçu la grande poupée, pousse un petit cri de frayeur et recule de quelques pas.

— Une femme ! dit-elle avec indignation au public. Une femme ici ! chez mon fiancé ! Et comme moi, en toilette de mariée! Qu'est-ce que cela signifie ?

Elle étend le poing d'un geste de menace du côté de la chambre de Pierrot et signifie ensuite énergiquement à sa prétendue rivale de venir s'expliquer.

Le mannequin bien entendu n'obtempère pas à cet ordre. Colombine, au comble de l'exaspération, se précipite sur elle pour lui arracher les yeux, mais elle recule bientôt en éclatant de rire. C'est une poupée !

— Ma foi! j'y ai été prise , dit-elle. C'est qu'elle est très bien faite !

Et elle s'approche pour l'examiner lorsqu'elle entend du bruit dans la chambre voisine. — Pierrot ! — Une idée lui traverse la cervelle. Prendre la place de la poupée ! On verra ce qu'il en adviendra.

Colombine se jette derrière le paravent et le ferme sur elle.

SCÈNE TROISIÈME.

Pierrot rentre. Il a enfin trouvé son marteau. Cela n'a pas été sans peine. Il ne pouvait pas remettre la main dessus. Enfin, il l'a retrouvé

par terre sous une table. Il se remet à l'ouvrage. Il achève d'enfoncer la pointe qu'il avait
déjà à moitié fixée, en pose une seconde et
voilà qui est fait.

Il prend la poupée qu'il a peinte ; mais il
constate qu'elle n'est pas encore assez sèche.
Il rit encore à la vue de cette bouche démesurée. Un four à mettre le pain !

Que faire ? Il a encore un peu de temps devant lui. Il se rappelle qu'il a encore quelques
détails à terminer dans le costume de sa grande
poupée et il se dirige vers le paravent, le dé-
ploie et tire au milieu de la scène un chariot à
roulettes sur lequel Colombine a pris place.

Pierrot regarde le public en ayant l'air de
dire : Qu'en dites-vous ? Est-elle jolie, mignonne, coquettement habillée !

Descendant ensuite tout à fait à l'avant-scène,
il pose mystérieusement son doigt sur sa bouche. — Ne le dites pas ! Eh bien... je l'aime...
à la folie !

Colombine qui a suivi sa pantomime, se croise
les bras avec fureur.

Pierrot continue sa confidence au public.

Pierrot. — Je sais bien, il y a l'autre, Colombine...

Colombine. — Oui, au fait, moi !

Pierrot. — Elle est gentille, je ne dis pas le contraire...

Colombine. — C'est heureux !

Pierrot. — Mais enfin, elle n'est pas si jolie que celle-ci.

Colombine. — Oui-dà. (Elle hausse les épaules.) Imbécile !

Pierrot. — Et puis celle-ci a une qualité énorme : elle ne parle pas ! !

Colombine. — Continue ! tu me paieras tout cela tout à l'heure.

Colombine laisse tomber brusquement les bras et reprend sa raideur de poupée. Pierrot revient à elle, lui sourit, lui fait des œillades passionnées et enfin lui déclare sa flamme en gestes d'une chaleur comique.

Il va prendre ensuite un livre et déclame à son amante de carton un sonnet amoureux [1].

De plus en plus entraîné, il offre à la poupée son bouquet de fleurs d'oranger et le lui attache au corsage.

Il prend ensuite une guitare, l'accorde et

1. Il sera bon de choisir un sonnet ou une poésie connus et mis en musique. Le public suivra ainsi très facilement la mimique. On n'a qu'à puiser dans le répertoire des mélodies de Gounod, de Massenet ou de Faure.

Même observation pour la romance que mime Pierrot.

s'asseyant aux pieds de sa poupée, lui chante une romance langoureuse.

(Chaque fois que Pierrot ne regarde pas Colombine, celle ci fait voir par un jeu de physionomie ou un geste rapides les divers sentiments qui l'animent.)

Mais le chant de notre ami Pierrot s'arrête brusquement! Il bondit sur ses pieds, recule et tremble de tous ses membres. La poupée a levé un bras, puis deux! Elle descend de son piédestal et s'approche de Pierrot qui n'a pas la force de fuir et flageole de plus belle. La poupée lui pose les deux bras sur les épaules, lui serre brusquement le cou, les mains restant non jointes et les doigts écartés, et l'entraîne dans une valse effrénée.

Pierrot saute comiquement. Sa tête exprime la peur la plus folle ; il cherche à se dégager de cette étreinte qui l'étrangle ; il n'y parvient pas. Enfin Colombine le laisse tomber pantelant sur le chariot, le fait rouler au galop autour de la pièce, et lui administrant enfin une maîtresse paire de gifles, se sauve lestement.

SCÈNE QUATRIÈME.

Pierrot reste un moment inanimé. Enfin, il se

tâte, se lève, regarde autour de lui, contemple le chariot vide, se prend la tête en se demandant s'il n'est pas fou et laisse enfin tomber ses bras en avouant qu'il ne comprend rien à tout ce qui s'est passé.

A ce moment, il dresse l'oreille. Qu'entend-il? Dig! ding! dong! les cloches! Il regarde l'horloge : c'est l'heure. Il ouvre la fenêtre. Voilà ses amis qui viennent le chercher. Encore affolé, comme sous le coup d'un mauvais rêve, il leur fait signe de la main qu'il descend.

Il tire alors le chariot derrière le paravent et pousse un cri. Il bondit à l'autre bout de la pièce, tombe à genoux et joint les mains d'un geste suppliant.

Il a aperçu le mannequin et craint encore quelque mauvais tour. Cependant, voyant l'immobilité de celui-ci, il s'enhardit, se lève, s'approche et constate que, cette fois, il a bien affaire à une poupée en bois et en cire des plus inoffensives.

Mais alors l'autre ?...

SCÈNE CINQUIÈME.

La porte s'ouvre et Colombine paraît souriante.

A sa vue, un éclair traverse l’esprit de Pierrot. Si c’était?... Il ne dit rien cependant.

Colombine lui fait entendre les cloches, lui montre l’heure et lui fait signe qu’il faut partir.

Pierrot lui baise galamment la main et lui offre la sienne; mais Colombine l’arrête. — Et son bouquet? Il l’oublie?

— C’est juste, fait Pierrot. Et il se dirige vers la table où il l’a mis en entrant. Il n’y est pas! Pierrot se rappelle qu’il l’a donné à la poupée, il réprime un geste d’effroi et il se tourne d’un air embarrassé vers Colombine. Celle-ci lui montre le bouquet à sa créature, le détache et se tournant vers Pierrot.

— La poupée, c’était moi! C’est à moi que vous avez dit de si jolies choses; c’est à moi que vous avez lu de si jolis vers et chanté une si jolie romance. Enfin, c’est avec moi que vous avez dansé une si jolie valse. Voulez-vous recommencer?

Et elle s’avance vers lui automatiquement, les bras tendus.

Pierrot recule épouvanté.

— Allons! fait Colombine, je te pardonne, mais prends garde, je ne te permets d’aimer... que moi.

Pierrot prend le ciel à témoin, fait une grimace au mannequin derrière le paravent, sourit amoureusement à Colombine qui lui rend son bouquet et offre la main à sa fiancée pour sortir.

Sur le pas de la porte, tous deux se tournent vers le public et lui disent en riant :

— Si le cœur vous en dit, suivez-nous !

Ils sortent en sautant joyeusement.

LE
VILLAGEOIS & LE SERPENT

MONOLOGUE IMITÉ DE LA FONTAINE.

LE
VILLAGEOIS & LE SERPENT

Le villageois entre en scène péniblement, le dos courbé comme s'il portait une charge de bois. Il la dépose à terre et se tire les bras, se cambre les reins pour se délasser. Il fait froid ; il souffle sur ses doigts et se bat les flancs pour se réchauffer.

Il examine les environs et semble trouver un arbre qui fera son affaire. Il ramasse sa hache, tire de sa poche une pierre à fusil [1] et aiguise le fer, comme font les bûcherons. Il passe ensuite son pouce sur le fil de sa hache

---

1. Il va sans dire qu'aucun de ces objets n'est en réalité entre les mains du mime qui doit seulement faire croire à leur existence. C'est là un des mérites de cette saynète dont Paul Legrand tire des effets merveilleux.

8.

pour s'assurer qu'elle est prête, puis il commence à entamer l'arbre qu'il veut abattre.

Mais décidément, il fait trop froid ; ses mains ne peuvent tenir la hache ; il la dépose au pied de l'arbre et souffle encore dans ses doigts.

— S'il avait seulement un peu de feu ! — Pourquoi pas ? Il y a là tout ce qu'il faut pour en faire.

Il va prendre au fagot qu'il a apporté quelques morceaux de bois qu'il arrange avec soin. Il ramasse des feuilles mortes et afin d'en avoir une plus grande provision, il secoue un arbre qui en porte encore quelques-unes desséchées. Elles tombent autour de lui et sur sa tête ; il se secoue, ramasse sa récolte et la porte sur le foyer qu'il a préparé.

Il tire un briquet, le bat et souffle sur l'amadou qu'il approche ensuite du tas de bois. Il souffle pour activer le feu ; la fumée le fait tousser. Enfin, le feu est allumé ; la flamme s'élève et il s'installe avec joie à côté pour se réchauffer tantôt les mains, tantôt les pieds, tantôt le dos.

Tout à coup, il aperçoit quelque chose à terre à quelques pas de lui. Il s'approche : c'est un serpent enroulé sur lui-même, engourdi par le froid.

— Pauvre bête! semble dire le bûcheron. Une idée lui vient. Il coupe une branche, s'assure qu'elle est flexible et la glisse délicatement sous le serpent qu'il porte ainsi près du feu, où il revient se chauffer lui-même, après l'avoir attisé de nouveau.

Tout en se chauffant, il examine le serpent. Eh! eh! le voilà qui se ranime. Il se déroule, s'approche du feu. — Hé! là, où va-t-il? Il rampe autour du foyer et vient vers le bûcheron. — Diable! il redresse la tête maintenant. Il s'approche menaçant, sifflant.

Le bûcheron se recule et met le feu entre l'animal et lui. Mais le serpent le suit. Le villageois va être atteint. Il fait un saut de côté; puis toujours poursuivi, il saute encore d'un autre côté. C'est en vain qu'il cherche à lui échapper, l'animal l'atteint et le mord à la jambe. Le bûcheron s'appuie contre un arbre avec un geste de douleur!

Mais, brusquement, il se redresse, saisit sa hache et court sus au serpent qui a regagné le feu. Une nouvelle lutte s'engage; enfin le bûcheron abaisse sa hache et frappe. Il a coupé en deux l'animal.

« Eh! quoi, lui dit-il, tu allais mourir de froid, je te réchauffe, tu reviens à la vie et en récompense, tu me blesses ! Tant pis pour toi ! Tu n'as que ce que tu mérites ! »

Et traînant la jambe, le villageois recharge son fagot sur son épaule et s'éloigne.

LE
DIABLE S'EN MÊLE

PERSONNAGES

POLICHINELLE.
PIERROT, son valet.
LÉLIE.
MATAMORE.
SATAN.
ISABELLE.

LE
DIABLE S'EN MÊLE

La scène représente un salon. Porte au fond et portes latérales. Fenêtre à droite au premier plan. Meubles.

SCÈNE PREMIÈRE.

Au lever du rideau, Polichinelle, assis à droite, lit un journal. Au fond, Pierrot brosse des habits et assise à gauche, Isabelle brode au tambour. De temps en temps, elle jette les yeux sur la fenêtre ouverte.

Lélie apparaît tout à coup à cette fenêtre. Isabelle, effrayée, lui montre d'un geste rapide Polichinelle et Pierrot. Lélie disparaît.

Il reparaît un moment après, mais avec plus

de précautions et il demande à Isabelle si ses deux argus ne vont pas bientôt sortir.

Isabelle répond qu'elle n'en sait rien, mais que cela n'est pas probable.

Lélie lui fait signe de patienter, il a trouvé un moyen de se débarrasser d'eux. Il disparaît.

Peu de temps après, Lélie revient et montre en riant à Isabelle un papillon de papier qu'il a fixé au bout d'un long et mince fil de fer.

Isabelle lui demande d'un air étonné ce qu'il veut faire. Lélie lui répond simplement : Vous allez voir. Se dissimulant alors autant que possible, il conduit son papillon sur le journal de Polichinelle. Celui-ci, naturellement, fait un geste pour chasser l'insecte. Il vient se poser sur le nez du liseur. Nouveau geste. Cette fois c'est sur le front que l'insupportable bête vient élire son domicile.

Polichinelle appelle Pierrot à son aide. Le domestique accourt, mais son zèle maladroit fait passer Polichinelle par une série d'épreuves pires que les taquineries de l'insecte.

En voulant prendre le papillon dans ses deux mains, Pierrot écrase le nez de son maître. Il lui assène ensuite une tape formidable sur le front ; il lui balafre la joue avec le crin de sa brosse. Enfin Polichinelle se lève et agitant convulsivement ses bras essaie de se débarrasser du tenace papillon. Pierrot l'imite et se munit d'un plumeau.

Lélie a plié bagage et s'est retiré prestement avec son papillon.

Pierrot est convaincu qu'il a vu le papillon s'envoler par la fenêtre. Polichinelle croit, lui, qu'il est encore dans la chambre et malgré les affirmations de Pierrot, il continue à gesticuler comme un télégraphe aérien.

Isabelle suit la scène du coin de l'œil en riant et ne s'y mêle que pour s'apitoyer faiblement sur Polichinelle.

Celui-ci croit apercevoir tout à coup son ennemi au plafond au dessus de la porte d'entrée. Il le montre à Pierrot.

— Non, ce n'est pas un papillon, répond le valet. Je vous dis qu'il est parti par la fenêtre.

— Je te dis que c'est lui.

— Je vous dis que non.

— Nous allons bien voir.

SCÈNE DEUXIÈME.

Et Polichinelle va au fond du théâtre, prend une chaise, monte dessus avec mille précautions,

9

ce qui ne l'empêche pas de manquer de tomber. Il est trop bas. Il demande le plumeau à Pierrot. Le plumeau est trop court. Il redescend, et fait signe à Pierrot de mettre un tabouret sur la chaise, ce que fait notre domestique.

— Maintiens le tout pendant que je vais monter.

Pierrot embrasse chaise et tabouret et Polichinelle commence l'ascension. Il n'ose pas aller jusqu'au bout, redescend et dit à Pierrot de monter à sa place. Celui-ci fait la grimace; mais sur un geste impératif de Polichinelle, il grimpe lentement. Le voilà juché; il prend le plumeau et balaie le point désigné par Polichinelle. Rien ne bouge; Polichinelle s'est trompé; il a pris un ressort de sonnette pour un papillon.

Pendant toute cette scène, Lélio, voyant Polichinelle et Pierrot occupés, a sauté légèrement par la fenêtre et est venu se jeter aux genoux d'Isabelle. Celle-ci, moitié contente, moitié effrayée, lui abandonne ses mains que le jeune homme couvre de baisers.

Dans la vivacité de leur conversation, pleine de protestations d'amour et de fidélité réciproque, Isabelle laisse tomber son tambour.

Polichinelle se retourne au bruit et voit Lélio

aux pieds de sa pupille. Dans sa fureur, il oublie qu'il maintient la chaise et le tabouret; il lâche tout et accourt entre les deux amoureux. Le tabouret bascule, et Pierrot, dégringolant du haut de son échafaudage, s'étale tout de son long. Il reste étendu en geignant. Polichinelle ne sait pas s'il veut aller relever son domestique ou rester entre les jeunes gens qu'il foudroie de son regard.

Enfin, Pierrot remue et se retire piteusement. Polichinelle le laisse se remettre et ordonne à Lélie de reprendre au plus vite le chemin qu'il a pris pour venir. Isabelle et Lélie se jettent à ses pieds et essaient de l'apitoyer.

— Non, non, mille fois non. Avez-vous de l'argent? dit-il au jeune homme.

Celui-ci fait une moue significative.

— Eh bien! vous n'aurez pas Isabelle. Délogez promptement.

Et relevant le jeune homme par le bras, il le pousse vers la fenêtre.

A ce moment, on entend sonner. Tout le monde reste sur place. On sonne de nouveau. Polichinelle donne à Pierrot l'ordre d'aller voir ce que c'est.

Pierrot sort et revient bientôt après en essayant d'interdire la porte à un mendiant.

SCÈNE TROISIÈME.

Quand Polichinelle voit à qui il a affaire, il entre en colère et fait signe au mendiant de déguerpir. A ses humbles supplications, il répond par un geste négatif et il commande à Pierrot de mettre cet intrus dehors.

Isabelle s'interpose et tirant sa bourse la donne au mendiant, malgré Polichinelle qui veut l'arrêter.

Ce que voyant, Lélie s'approche également du pauvre diable et vide son or entre ses mains.

Pendant cette scène, Pierrot, ayant par hasard jeté les yeux dans le jardin aperçoit Matamore qui arrive. Il prévient son maître, qui regarde à son tour par la fenêtre, fait de grands gestes et de grands saluts, et revenant avec empressement en scène, il chasse le mendiant, ordonne à sa fille d'aller s'habiller pour recevoir dignement leur hôte. Quant à Lélie, il lui montre encore la fenêtre, en l'engageant à filer s'il ne veut pas que le seigneur Matamore lui coupe les oreilles.

Il sort ensuite avec Pierrot pour courir au-devant de Matamore.

SCÈNE QUATRIÈME.

Lélie fait un geste de rage, en constatant son impuissance et se dispose à s'en aller, quand le mendiant reparaît mystérieusement.

Il remercie Lélie de sa générosité de tout à l'heure et lui demande la cause de sa tristesse. Le jeune homme la lui fait connaître ; il aime Isabelle et Polichinelle la lui refuse parce qu'il n'a pas d'argent. Il n'a plus qu'à s'en aller et à se tuer.

Le mendiant l'arrête et lui dit qu'il a autre chose à faire.

— Quoi ?

— Signez ce papier et ce sac d'or est à vous.

Lélie regarde avec stupéfaction ce mendiant qui tire de dessous son manteau déguenillé une pareille fortune. Il jette ensuite les yeux sur la feuille de papier qu'on lui présente.

— Mais ce papier est blanc !

— Qu'importe ! signez toujours.

Lélie hésite, enfin le sac est là, bien tentant ; il regarde du côté de l'appartement d'Isabelle et il signe.

Alors, le mendiant lui ordonne d'allumer une bougie. Il en approche le papier et Lélie stupéfait voit apparaître en lettres rouges : *J'appartiens au diable* [1].

Le mendiant rejette son manteau et le jeune homme voit apparaître Satan en personne.

Il tombe anéanti dans un fauteuil.

Satan disparaît.

SCÈNE CINQUIÈME.

Isabelle entre et court à Lélie, le croyant en syncope.

Celui-ci, désespéré, lui raconte ce qui vient de se passer et jette violemment le sac d'argent à terre. Isabelle le ramasse, va le mettre dans sa chambre et dit à son ami :

— Courage ! Qui sait ce qui arrivera ? A la grâce de Dieu... qui sera peut-être vainqueur du diable !

SCÈNE SIXIÈME.

La porte du fond s'ouvre et Matamore appa-

1. Ce jeu de scène s'obtient au moyen de l'encre sympathique.

raît suivi de Polichinelle et de Pierrot qui se confondent en courbettes.

Il adresse un aimable salut à Isabelle dont il baise la main, puis il aperçoit Lélie et se retournant furieux vers Polichinelle :

— Qu'est-ce que c'est que cela? demande-t-il.

Polichinelle s'adressant à Lélie :

— Comment, vous êtes encore là, vous? Seigneur Matamore, c'est un drôle que je chasse par la porte et qui rentre par la fenêtre — et vice versa.

— Que vient-il faire ici ?

Polichinelle hésite à répondre. Lélie s'en charge.

— Je viens pour mademoiselle, dit-il bravement.

Matamore bondit comme un chat, écrasant dans son bond les pieds de Pierrot qui hurle. Matamore parcourt le théâtre avec violence, faisant sonner ses éperons, tapant sur les meubles. Enfin, il tire son épée et fond sur Lélie, celui-ci l'esquive et lui lance une chaise à la tête. Matamore l'attrape au vol et la lui relance. Lélie esquive encore le coup et c'est Polichinelle qui reçoit le meuble. Il trébuche et va rejoindre Pierrot qui s'est blotti avec terreur dans un coin.

Lélie a pris le plumeau et pare les coups de rapière de Matamore avec cette épée improvisée.

Il gagne ainsi la porte du fond, l'ouvre et s'enfuit. Les trois hommes vont s'élancer à sa poursuite, mais le diable paraît à la fenêtre, étend le bras et tous sont cloués sur place dans l'attitude où le geste de Satan les surprend.

Le diable ayant laissé à son protégé le temps de se mettre hors des atteintes de ses ennemis, baisse le bras et disparaît.

Les personnages redeviennent libres de leurs mouvements. Lélie est trop loin pour qu'on songe à le poursuivre. Matamore se borne à faire avec son épée un grand geste de menace.

Il s'approche ensuite d'Isabelle et se met en devoir de lui faire une cour des plus chaudes. Il n'est que grotesque et Isabelle se moque de lui.

Polichinelle ordonne à Isabelle de préparer une collation et invite gracieusement Matamore à venir faire un tour de jardin. Ils sortent par le fond, tandis qu'Isabelle se rend à l'office.

SCÈNE SEPTIÈME.

Pierrot, resté seul, dispose une table pour le lunch.

Entrée de Satan, qui est invisible pour Pierrot. Il fait mille niches désagréables à ce malheureux valet. Il fait disparaître à son nez tous les objets qu'il met sur la table.

Pierrot n'y comprend rien et finit par trembler de tous ses membres.

Satan lui enlève ensuite les objets au moment même où il étend la main pour les prendre.

Pierrot est affolé. Il voit le couvert se mettre ensuite de lui-même sur la table et, n'apercevant pas Satan qui fait ce ménage, il claque des dents et se signe à plusieurs reprises.

N'y tenant plus, il cherche à gagner la porte pour s'enfuir, Satan lui fait des passes magnétiques qui lui causent des soubresauts et finissent par le clouer sur place.

SCÈNE HUITIÈME.

C'est dans cette situation cataleptique que le

trouvent Matamore et Polichinelle, de retour de leur promenade.

Satan reste également invisible pour eux.

Ils secouent le malheureux Pierrot qui reste raide comme un pendu.

Inquiet, Polichinelle va chercher dans un meuble une brosse en flanelle et se met à frictionner vigoureusement Pierrot.

Satan fait un geste et Pierrot se dégèle peu à peu. Revenu à lui, il regarde partout avec terreur et explique à Polichinelle les choses incroyables qui viennent de lui arriver. Matamore hausse les épaules en riant et se promène d'un air de bravache.

Satan lui enlève son chapeau. Matamore croyant à une mauvaise farce de Pierrot lui allonge une gifle. Pierrot indigné montre qu'il n'a pas le chapeau. Matamore l'aperçoit sur la tête de Polichinelle. Il le reprend brusquement en faisant remarquer à Polichinelle ahuri que sa plaisanterie est déplacée.

Satan lui enlève une seconde fois son couvre-chef et l'envoie par la fenêtre.

Personne n'a vu Satan, toujours invisible, mais on a vu le voyage du chapeau.

Matamore furieux porte la main à son épée pour la tirer; Satan le devance et la lui enlève.

Stupéfaction de Matamore qui commence à avoir peur.

Pierrot et Polichinelle, accotés l'un à l'autre tremblent de tous leurs membres.

SCÈNE NEUVIÈME.

Isabelle entre avec une assiette de gâteaux et voit la contenance piteuse des personnages en scène.

Matamore, le seul qui ait encore la force de parler, lui dit qu'il se passe des choses extraordinaires. Son chapeau s'est envolé par la fenêtre ; son épée a disparu.

— Et tenez ! vos gâteaux ! !

Pendant qu'il lui parlait, Satan a fait disparaître les gâteaux et l'assiette est vide.

Stupéfaction d'Isabelle. Matamore a rejoint le groupe des peureux et tous trois les uns contre les autres flageolent de terreur.

SCÈNE DIXIÈME.

Lélie apparaît à la fenêtre et profitant du trouble des personnages, enlève Isabelle à leur nez.

Cette ruse leur redonne un peu de courage et ils se précipitent vers la porte. Satan s'interpose et se rend visible. Tous bondissent et s'aplatissent dans un coin quelconque.

Satan ricane et disparaît.

SCÈNE ONZIÈME.

Au bout d'un moment, tout étant calme, Polichinelle, Pierrot et Matamore se risquent à lever le nez.

Matamore prend Polichinelle à partie. Il lui dit qu'on ne reçoit pas les gens ainsi, qu'il ne veut plus de sa pupille et qu'il ne remettra plus les pieds dans cette maison ensorcelée. Il sort.

SCÈNE DOUZIÈME.

Polichinelle et Pierrot se tâtent, regardent sous tous les meubles s'ils ne voient rien de suspect et commencent à se rassurer.

Polichinelle pense alors à Isabelle qu'il a vue fuir et ordonne à Pierrot de courir après les fugitifs.

Pierrot qui craint de rencontrer le Diable,

n'ose se risquer seul et demande à Polichinelle de l'accompagner.

Polichinelle consent. Au moment où ils remontent pour sortir, la porte s'ouvre et les deux amoureux reparaissent.

SCÈNE TREIZIÈME.

Lélie remet Isabelle entre les mains de Polichinelle et lui demande de nouveau respectueusement sa main.

Voyant les hésitations de Polichinelle, Isabelle court à sa chambre et donne à Lélie le sac d'argent que le Diable lui a remis. Ceci décide Polichinelle qui accorde la main d'Isabelle.

SCÈNE QUATORZIÈME.

Satan reparaît et montre à Lélie son pacte ; mais Isabelle s'est approchée doucement et preste ! elle enlève ce papier et le déchire aussitôt.

Satan fait un geste de rage et veut fuir, mais Isabelle a tiré de son corsage une chaîne bénite munie d'une croix. Elle la jette autour du cou de Satan, qui est arrêté net et qui se tord dans d'atroces douleurs.

Elle ordonne à Pierrot d'aller chercher une malle qui se trouve dans sa chambre. Pierrot y court joyeusement et revient en traînant la caisse.

On l'ouvre et Isabelle fait signe au diable de s'y blottir. Il cherche encore à s'échapper, la chaîne le retient et Pierrot qui a rapporté également un bénitier, l'asperge d'eau bénite avec une branche de buis.

Satan saute dans la malle. On la ferme. A plusieurs reprises le couvercle se rouvre et Satan se dresse, comme les diables des boîtes à surprise. Enfin les aspersions de Pierrot le font rester tranquille. On ferme la serrure et Pierrot prenant un morceau de craie écrit sur la malle : *Monsieur Satan, en Enfer. Port payé.* Puis il ajoute au bas de la caisse la mention *Haut* et à la partie supérieure la mention *Bas*.

Enfin montant sur la malle, il bénit avec son plumeau Lélie et Isabelle qui forment un groupe avec Cassandre. Tableau.

La toile tombe.

LE PAPILLON

PERSONNAGE

PIERROT.

LE PAPILLON

Pierrot entre, un parasol d'une main et, de
l'autre, un éventail. Une mandoline sur le dos.
Il se promène de long en large avec un sentiment de satisfaction et de bien-être visible. Il
fait bon dans ce jardin; on y respire pleine-
ment; des odeurs exquises vous arrivent aux
narines et tout ce qui vous entoure réjouit la
vue.

Mais Pierrot s'arrête tout à coup, en extase !
Il vient d'apercevoir une rose merveilleuse !
Il dépose son parasol et son éventail, puis il
s'approche doucement. — Qu'elle est belle !
Elle est énorme, et cependant quelle finesse
dans ses contours, quelle légèreté dans ses pétales ! Quel parfum !

Pierrot respire longuement la fleur et sa figure exprime des extases divines; peu à peu

l'odeur le grise. Il passe sa main sur son front, comme pour chasser un mal qui l'oppresse, puis il essaie de s'éloigner de la rose, qu'il semble repousser de la main, mais le charme que lui a jeté la superbe fleur est plus fort que sa volonté, il revient vers elle et finit par tomber à genoux à son pied, en lui déclarant son amour la main sur son cœur.

Monologue passionné: « M'aimes-tu ? Moi, je t'adore. Cet amour possède tout mon être, je suis à toi. Que le vent qui passe sur mes lèvres et qui caresse tes pétales te porte mes baisers ! Ta vue m'enchante; ton parfum me grise... » et tout ce qu'on débite d'incohérences dans ce cas particulier de congestion du cerveau qui s'appelle : l'amour !

Il semble tout à coup à Pierrot que le soleil brûlant incommode sa chère aimée. Il se lève et va chercher son parasol qu'il a laissé sur un banc. Au moment de le prendre, il aperçoit un papillon. Il l'examine avec curiosité, il admire ses riches couleurs et l'élégante forme de ses ailes. Il veut s'en emparer ; déjà, il avance la main pour le saisir, mais le léger insecte s'envole. Pierrot reste un peu penaud, mais il se console rapidement. — Bon voyage ! fait-il au papillon.

Il prend son parasol, l'ouvre, et regardant d'où vient le soleil, il le dispose de façon à garantir le teint de sa chère rose. Ses yeux se fixent alors sur un point de l'espace; c'est le papillon qu'il aperçoit de nouveau, voltigeant dans l'air. L'insecte approche et vient se poser sur la rose. Cette profanation indigne Pierrot, qui chasse brusquement l'imprudent papillon. Mais celui-ci qui apprécie probablement au même point que Pierrot les charmes de la fleur, revient vers elle et lui fait la cour de plus belle.

Fureur jalouse de Pierrot qui gesticule, frappe dans ses mains pour faire fuir son rival.

Le voilà enfin parti ! Pierrot rayonne. Il regarde de nouveau langoureusement sa rose, et s'installe près d'elle sur un petit pliant. Puis il tire un livre de sa poche et se met en devoir de lui lire un sonnet enflammé !

A peine a-t-il commencé que le papillon passe et repasse devant la page ouverte. Pierrot énervé fait maints gestes pour effrayer l'insecte. Celui-ci pousse le cynisme jusqu'à venir se poser sur son nez. Pierrot le regarde en louchant, puis élevant doucement son livre à la hauteur de sa figure, il le ferme brusquement. Il n'écrase malheureusement que son nez !.. Le papillon s'est envolé et couvre la rose de nouvelles caresses.

Pierrot parcourt à grands pas le théâtre dans un désespoir profond. Il ne sait plus que faire.

Il saute sur son éventail et court vers le papillon qu'il se met à éventer furieusement. Celui-ci se sauve tout fripé par cette tourmente inattendue.

Pierrot, vainqueur, jette dans l'espace un dernier geste de menace avec son éventail et s'installe sur son pliant devant la rose. Il amène sa mandoline devaut lui et commence à gratter une sérénade.

Il aperçoit bientôt le papillon qui est venu se poster sur le manche de son instrument. Il l'observe du coin de l'œil, en ralentissant la mesure et en diminuant de son afin de ne pas effrayer l'audacieux insecte qu'il croit bien tenir cette fois.. V'lan ! Sa main s'abat sur la tête de la mandoline.

Tentative encore infructueuse ! Pierrot s'est meurtri les doigts et voilà tout.

Pendant qu'il souffle dans sa main endolorie, il voit le papillon se poser de nouveau sur son instrument. La rage saisit notre malheureux Pierrot, qui se met à jouer avec fureur, puis à gesticuler avec sa mandoline tout en continuant de jouer, puis enfin à sauter.

Victoire ! le papillon a fui ! Il a même complètement disparu. Pierrot le cherche partout; plus de papillon.

Pierrot rayonnant... mais essoufflé, se laisse tomber sur le banc et s'évente un moment. Quand il a repris un peu haleine, il songe à sa bien-aimée et il retourne vers elle plein d'empressement. Il l'admire encore ; elle lui semble plus belle, plus fière ; il lui adresse de nouvelles protestations amoureuses. Puis, il reprend sa mandoline ; il s'excuse auprès de la rose de la bizarre sérénade qu'il lui a offerte ; mais le coupable est ce maudit papillon qui venait le harceler sans trêve.

— Maintenant, nous voilà tranquilles, seuls, je recommence.

Et après avoir lancé un baiser à la rose, Pierrot attaque son morceau. Il joue en s'écoutant avec complaisance et en donnant l'expression avec un balancement comique. Tout à coup Pierrot s'arrête, pâle, — autant qu'il est permis à Pierrot de devenir pâle. Ses yeux s'arrêtent avec stupeur sur la rose. Du sein même de la fleur, rouge de plaisir, le papillon sort avec un air vainqueur.

— Damnation ! s'écrie Pierrot, en bondissant sur ses pieds. Ma sérénade berçait leurs amours ! Misérable fleur, qu'ai-je fait pour que tu me trahisses aussi indignement ? je t'aimais de toute mon âme. De quels soins ne t'ai-je pas entourée ? Je te garantissais des rayons du soleil ; je te lisais des vers mélodieux ; je t'enchantais par une douce musique ! Et voilà ma récompense.

— Et toi, vil insecte, que j'aurais dû extermi- ner, non content de me harceler sans trêve, tu termines ton œuvre en me volant mon bonheur Eh ! bien, soyez maudits tous deux et mourez tous deux !

Et tragique, levant sa mandoline à deux mains, Pierrot assène un coup terrible sur les coupables. La rose décapitée roule à terre et ses pétales se dispersent en éclaboussures sanglan- tes. Le papillon, frappé à mort, agonise et ses ailes frémissent douloureusement.

Pierrot contemple ce tableau lugubre et le dépeint au public.

L'insecte remue plus faiblement, encore plus faiblement... tout est fini : il est mort.

Pierrot se détourne et essuie une larme.

En ce moment, il sent quelque chose qui lui chatouille le front. Il tressaille. — Un papillon ! Il le chasse. En voici un autre, puis un autre, un essaim ! Il est bientôt environné par les in- sectes qui viennent lui demander compte de la mort de leur frère.

Pierrot les écarte avec effroi et fait de vio- lents gestes de dénégation.

— Ce n'est pas moi ! Laissez-moi.

Il veut fuir. Mais la route lui est barrée par un essaim plus nombreux. Il parcourt le théâtre affolé ; enfin, il tombe à genoux, suppliant.

— « Eh ! bien, oui, c'est moi ! Mais comprenez donc. J'aimais cette rose ; il l'a profanée sous mes yeux. N'est-il pas coupable ? Voyons, était-ce loyal ? Alors, j'ai perdu la tête et j'ai frappé. Je les ai tués tous les deux. Mais laissez moi ; je vais enterrer votre frère et je partirai pour toujours. ! »

Alors, Pierrot à qui les papillons accordent une trêve, se dirige en chancelant vers les deux cadavres. Il hésite, il recule, enfin faisant un effort suprême, il prend sa mandoline et creuse péniblement un trou dans la terre avec le manche.

Puis, il prend le papillon, le contemple un instant et le dépose dans la petite fosse ; ramassant ensuite çà et là les pétales de la rose, il les respire une dernière fois, les embrasse et en fait un linceul au papillon.

Enfin, il rejette la terre qu'il a tirée, et il s'éloigne en faisant un geste d'adieu désespéré.

LES

TRIBULATIONS D'UN PATISSIER

PERSONNAGES

PANTALON.

PIERROT, son domestique.

ARLEQUIN, amoureux d'Isabelle.

GODIVEAU, pâtissier.

UN NOTAIRE.

ISABELLE, fille de Pantalon.

LES TRIBULATIONS
D'UN PATISSIER

La scène représente un jardin. A droite, au premier plan, la maison de Pantalon. Une fenêtre avec balcon au-dessus de la porte d'entrée. (*Sur les petites scènes, cette fenêtre peut être remplacée par une fenêtre à côté de la porte. Les jeux de scène se trouvent légèrement modifiés.*)

SCÈNE PREMIÈRE.

Au lever du rideau, on entend du bruit dans la maison de Pantalon. La porte s'ouvre violemment et Pantalon apparaît tirant Arlequin par un bras, tandis que Pierrot le pousse de l'autre côté.

Pantalon fait brusquement passer Arlequin devant lui, l'envoyant ainsi à une extrémité opposée du théâtre et lui demande d'un air furieux ce qu'il vient faire dans sa maison.

— J'aime ! répond Arlequin en portant sa main sur son cœur.

Pantalon feint de ne pas comprendre. Il prend un air goguenard et répétant comiquement le geste amoureux d'Arlequin, il lui dit : « Vous aimez ! Qui ? Moi ? — Pierrot ? »

Arlequin hausse les épaules et désigne simplement la fenêtre d'Isabelle.

Pantalon éclate de rire. « Non ! mais regarde-le, dit-il à Pierrot. Avec cette figure et ce costume, oser aimer la charmante d'Isabelle. Non, c'est trop drôle ! » Et il s'esclaffe de nouveau, en compagnie de Pierrot qui, en sa qualité de valet tenant à ses gages, croit devoir imiter son maître.

Arlequin devient nerveux. Cependant il se contient et essaie d'attendrir Pantalon : « Oui, j'aime Isabelle. D'ailleurs mes intentions sont honnêtes. Je vous demande sa main et je vous supplie de me l'accorder. »

Ce discours a pour effet d'augmenter l'hilarité de Pantalon. Pierrot modèle son rire sur celui de son maître.

Arlequin, furieux, n'y tient plus et pendant que Pantalon remonte la scène en se tenant les côtes, il tire sa batte, empoigne Pierrot et le rosse d'importance. Hurlements — muets — de celui-ci et contorsions désespérées.

Pantalon accourt au secours de son valet qu'il arrache des mains d'Arlequin.

Isabelle attirée par le bruit ouvre sa fenêtre et paraît au balcon.

Arlequin lui envoie des baisers et lui fait de nouvelles protestations amoureuses, auxquelles Isabelle répond non moins chaleureusement.

Pantalon, qui n'a d'abord pas vu ce manège, occupé qu'il était à tâter le corps de Pierrot, aperçoit nos deux amoureux. Il bondit, fait pirouetter Arlequin, menace de la main Isabelle et ordonne à Pierrot de rentrer dans la maison, de monter dans la chambre d'Isabelle et de faire bonne garde.

Pierrot obéit. Il rentre en se tenant les reins.

SCÈNE DEUXIÈME.

— Et maintenant, décampe, bel Arlequin ! dit Pantalon, et ne remets jamais les pieds ici, ou sinon....

Arlequin essaie encore une fois d'attendrir le barbon. Il le supplie à mains jointes, lui montre Isabelle qui pleure sur le balcon. Cette vue irrite davantage Pantalon, qui fait des gestes désespérés pour obliger la jeune fille à rentrer. Celle-ci ne tient d'ailleurs aucun compte de cette objurgation et envoie force baisers à' Arlequin, qui les lui renvoie naturellement. Pantalon ne sait plus où donner de la tête ; il s'agite entre le balcon et Arlequin, jusqu'au moment où Pierrot apparaît à la fenêtre.

Pantalon lui commande de faire rentrer Isabelle. Pierrot obéit à cet ordre, malgré la résistance de la jeune fille, puis il se poste sur le balcon, un balai au bras et commence sa faction.

Alors, Pantalon renvoie une dernière fois Arlequin avec un geste énergique et il rentre dans sa maison dont il ferme la porte à double tour. On entend un bruit de serrure formidable.

SCÈNE TROISIÈME.

Arlequin, vaincu, tire sa batte, fait un geste violent dans la direction de Pierrot, qui lui répond avec son balai, et s'enfuit furieux.

En sortant, il heurte Godiveau.

Le malheureux pâtissier arrivait tranquillement, portant en équilibre sur sa tête, un panier

qui contenait des brioches et un vol-au-vent. Un
équilibre, si stable qu'il soit, ne résiste guère à
un choc pareil à celui qui assaillit Godiveau. Panier, brioches, vol-au-vent et son onctueux contenu, roulent à terre.

Godiveau, furieux, veut faire un mauvais
parti à l'auteur du désastre, mais Arlequin est
loin déjà. Le pâtissier jette un coup d'œil autour de lui : « Bah ! personne n'a rien vu, dit-
il ! Ramassons; les morceaux en sont bons. »
Et le voilà relevant les brioches et bourrant le
ventre de son vol-au-vent des boulettes épar-
ses.

Il n'a pas aperçu Pierrot qui continue sa faction sur le balcon et se tord de rire à la vue de
cette scène.

Le panier rempli, Godiveau le hisse sur sa
tête et s'en vient frapper à la porte de Pantalon.

Pas de réponse. Il frappe de nouveau étonné.
Même silence.

Pendant ce temps, une idée machiavélique et
surtout gloutonne surgit dans l'esprit de Pierrot. Godiveau est là sous le balcon, le panier se
trouve au niveau du plancher; en se baissant
et en étendant la main, il ne serait pas bien difficile de faire connaissance avec ces appétis-

santes brioches, auxquelles, la promenade sur le sable du jardin n'a pas enlevé leur bel éclat d'or. De l'idée à l'action... et Pierrot extorque un gâteau. Il le mange avec une satisfaction visible.

Godiveau continue à frapper de plus en plus fort et Pierrot continue à vider le panier; il en bourre ses joues et ses poches.

Las d'attendre et de heurter inutilement, Godiveau fait demi-tour et va s'éloigner. Il s'arrête en chemin ; il lui semble que son panier est plus léger. Il le descend. Vide !

Stupéfaction d'abord, fureur ensuite !

A ce moment, Pantalon ouvre la porte de sa maison et Godiveau lui lance le panier en pleine poitrine.

SCÈNE QUATRIÈME.

Pantalon trébuche sous cette attaque imprévue, puis cédant à un mouvement instinctif de défense, il se saisit du panier et le lance à son tour à la tête du pâtissier.

Pierrot, toujours mangeant, quitte son balcon pour s'interposer dans le pugilat.

Godiveau raconte avec animation à Pantalon les événements qui viennent de se succéder : son attente vaine à la porte, son départ et la disparition de ses brioches.

Pantalon lui fait remarquer que ce n'est pas lui l'auteur du méfait et qu'il était par conséquent inutile de l'accueillir aussi brusquement.

— Mais alors, qui m'a pris mes brioches ? répète Godiveau.

SCÈNE CINQUIÈME.

Pierrot sort à ce moment de la maison.

Godiveau se précipite vers lui et lui pose la même question. Etonnement de Pierrot qui, la bouche toujours pleine, fait passer le corps du délit dans la joue opposée à Godiveau. Le pâtissier soupçonneux tourne autour de Pierrot en l'inspectant des pieds à la tête. Ce bloc enfariné ne lui dit rien qui vaille. Le rusé valet n'a pas fini d'avaler sa brioche ; il fait opérer à ce qui reste un mouvement contraire à celui indiqué précédemment et voyant Godiveau manifester l'intention d'explorer ses poches, il glisse prestement les brioches volées dans la poche béante de Pantalon. Celui-ci après avoir pris une pincée de tabac, a tiré son mouchoir et s'est essuyé tranquillement. Il remet son mouchoir sur les brioches et regarde le pâtissier qui se livre à un examen minutieux des basques de Pierrot, pendant que celui-ci, riant d'un œil, achève de manger le reste de son gâteau.

Godiveau n'a rien trouvé et se creuse toujours la cervelle pour deviner comment ses pâtisseries ont pu disparaître.

Pierrot lui fait comprendre par signes que c'est Pantalon le voleur. «Fouillez-le ; vous verrez ! »

Godiveau se précipite sur le barbon et se met en devoir de se livrer à une perquisition dans ses poches. Protestations indignées de Pantalon. Il finit cependant par prendre la chose en riant et tend lui-même ses basques à l'infortuné chercheur. L'ahurissement le plus comique se peint sur sa face lorsque Godiveau tire victorieusement deux brioches de la poche de son habit.

« Vous voyez bien que c'était vous ! s'écrie Godiveau. C'est honteux. Voler ainsi un pauvre pâtissier. Le vol-au-vent était pour vous, mais je devais porter ces brioches en ville ; que vais-je faire maintenant ? Allons, payez-moi ces brioches. »

— Allez au diable ! s'écrie Pantalon ; je ne sais pas moi-même comment votre pâtisserie de malheur se trouve dans mon habit ; je ne vous dois rien et je ne vous paierai rien. »

Godiveau n'entend pas de cette oreille-là. La discussion s'anime de plus en plus et le pâtissier parle d'aller chercher la force armée. Pantalon effrayé le supplie de n'en rien faire.

— Payez !

Pantalon n'est pas bien fort sur cet article-là, et si on lui fait mettre difficilement la main à la poche lorsqu'il doit, à plus forte raison trouve-t-il dur de payer ce qu'il ne doit pas.

SCÈNE SIXIÈME.

Cependant, attirée par le bruit de la dispute, Isabelle s'est échappée de sa prison et accourt en scène.

Godiveau, quoique pâtissier, a le cœur tendre. Il ne peut voir sans trouble cette appétissante jeune fille. L'amour l'enflamme en moins de temps qu'il ne faut pour brûler une omelette et il propose aussitôt une transaction à Pantalon.

— Donnez-moi votre fille et je ne vous dénonce pas à la justice !

Pantalon est d'abord un peu surpris de cette brusque demande. Isabelle l'est encore plus, mais elle ne la prend pas au sérieux et tourne le dos en haussant les épaules.

Godiveau ne se tient pas pour battu. Il fait

valoir ses avantages physiques ; il a de l'argent et il fera à sa femme une cuisine à se lécher les doigts.

Ici, le gourmand Pantalon commence à accepter l'idée d'une union qui lui paraît moins disproportionnée. Il essaie doucement de persuader sa fille. Celle-ci proteste énergiquement.

Godiveau, qui a vu quelle corde il fallait toucher pour gagner l'alliance de Pantalon, fait défiler devant ses yeux les différents plats exquis qu'il sait confectionner.

Pantalon, attendri, ne résiste plus et il ordonne impérieusement à sa fille de s'incliner devant sa volonté.

Godiveau triomphe et pour ne pas retarder son bonheur, il dit à Pantalon qu'il va aller chercher le notaire pour signer le contrat. Il se dispose à s'éloigner, mais Pantalon l'arrête.

— Inutile de vous déranger, cher gendre, dit-il : Pierrot peut faire la commission et vous allez, pendant ce temps, vous occuper du repas des fiançailles. Et qu'il soit bon !

— Il sera succulent, dit Godiveau en riant et en se dirigeant vers la maison. En passant, il veut prendre la main d'Isabelle pour la lui baiser ; celle-ci lui administre une gifle formidable.

Godiveau, souriant, arrête Pantalon qui veut se fâcher. — Elle s'humanisera, dit-il.

Et sur le pas de la porte : Il sera succulent ! !

SCÈNE SEPTIÈME.

Pantalon est au comble de la joie.

Pierrot, sur son ordre, est parti pour chercher le notaire. Il s'approche de sa fille qui pleure sur un banc et il cherche à lui faire comprendre qu'elle a tort de repousser un mari qui n'est pas mal de sa personne...

— Lui ! il est affreux !

... Qui a de l'argent...

— Qu'est-ce que cela me fait ?

... et qui sait faire de la si bonne cuisine.

Isabelle, à ce dernier mot, le regarde d'un air de pitié et hausse les épaules.

— Enfin, je le veux.

Tout à coup, Pantalon s'arrête, il hume l'air, et ses narines se dilatent avec satisfaction. De délicieuses odeurs culinaires lui arrivent de la maison. Sa face de gourmand s'illumine ; il fait remarquer à sa fille ces émanations parfumées et lui dit qu'elles devraient lui aller droit au cœur.

—Comme elles vous vont droit au ventre ! Tenez, laissez-moi ; vous et votre cuisinier, je vous déteste !

Et elle s'éloigne dans le jardin.

Pantalon la laisse partir. Il reste sous le charme des effluves qui l'environnent. Puis n'y tenant plus, il se précipite dans la maison pour assister de plus près aux opérations de son gendre.

SCÈNE HUITIÈME.

Isabelle rentre en scène, désolée. Tout à coup elle tressaille ; elle vient d'apercevoir au loin Arlequin. Elle lui fait signe d'accourir. L'amour n'a pas des ailes pour rien. En un clin d'œil, Arlequin est aux pieds de sa chère Isabelle. Il lui demande la cause de sa tristesse.

Isabelle le met rapidement au courant de ce qui s'est passé en son absence...

— Je le connais ce pâtissier... Je l'ai bousculé en sortant d'ici furieux. Je cherchais la manière de nous tirer d'affaire, et j'avoue que je n'ai rien trouvé. Laissez-moi réfléchir un moment : ces incidents nouveaux vont peut-être me fournir le moyen que je cherche.

Arlequin, dans l'attitude de la méditation,

songe et se tait. Isabelle s'impatiente et craint qu'on n'arrive.

— Dépêchez-vous !

— Ah ! que diable, il faut du temps. Avez-vous trouvé quelque chose, vous ? Non. Eh bien, attendez patiemment.

Soudain, sa physionomie s'éclaire, puis se rembrunit, puis s'illumine de nouveau. Isabelle suit avec angoisse ses transformations.

— J'ai trouvé ! s'écrie Arlequin. Où va-t-on dîner ? Dans la maison, ou ici ?

— Ici, répond Isabelle. Il fait beau et chaud.

— Parfait ! Fiez-vous à moi et retenez seulement ceci : A table, ne mangez pas !

— Oh ! je n'aurai guère le cœur à cela. Mais peut-on savoir … ?

— Inutile. Ayez confiance. Tout va bien.

Et après avoir galamment baisé les doigts d'Isabelle, Arlequin s'éloigne en pirouettant joyeusement.

SCÈNE NEUVIÈME.

A peine a-t-il disparu que Pantalon apparaît sur le seuil de la maison. Il a mis un tablier blanc pour donner un coup de main à son gendre et il tourne consciencieusement une sauce.

— Je te cherchais, dit-il, à sa fille. Au lieu de rester là à geindre comme une grande bête, tu ferais mieux de nous aider. Si tu n'es bonne à rien, dresse au moins la table ici, à l'air et mets le couvert.

Godiveau entre à ce moment pour savoir ce qu'est devenu Pantalon avec sa sauce. Il lui prend la casserole des mains, tourne et goûte.

— Il faut tourner encore, dit-il à Pantalon et il lui rend la casserole. Mais comme il tient celle-ci naturellement par la queue, c'est la casserole elle-même que Pantalon prend et il se brûle horriblement. Enfin, il a repris son instrument de cuisine par le bon bout, mais les doigts lui cuisent et il souffle dessus, et il tourne sa sauce alternativement. Il finit par s'embrouiller, par souffler dans sa sauce et se mettre la cuiller dans le nez. Enfin, il va rejoindre Godiveau qui est rentré dans la maison.

Pendant ce temps, Isabelle a disposé la table et met le couvert tristement.

SCÈNE DIXIÈME.

A peine a-t-elle fini que Pierrot revient, accompagné du notaire. Il le prie d'attendre ; il va prévenir son maître.

Au moment où il se dirige vers la porte de la maison, celle-ci s'ouvre et Pantalon sort avec un panier à salade. Il secoue énergiquement sa salade dans le jardin et asperge Pierrot et le notaire, qui éternuent vigoureusement. Ce bruit insolite lui fait lever la tête et il aperçoit le nouvel arrivant. Il s'excuse auprès du notaire, donne son panier à Pierrot et explique au notaire à quelle occasion son ministère est réclamé.

Godiveau entre en battant un œuf dans un bol. Il cherche autour de lui des herbes aromatiques qu'il veut joindre à son mélange.

Pantalon lui présente le notaire. Godiveau salue d'un air distrait et enduit d'œuf le nez du notaire qui s'est incliné jusque dans le bol. Godiveau s'excuse, essuie le nez avec son tablier et prie le notaire d'entrer pour réparer le désordre de sa toilette.

Il annonce ensuite que le dîner est prêt et qu'on va pouvoir se mettre à table.

Pantalon ordonne à sa fille d'aller faire un peu de toilette. Tout le monde rentre dans la maison.

SCÈNE ONZIÈME.

Arlequin apparaît mystérieusement dans le jardin. Il s'assure par un coup d'œil rapide qu'il est bien seul. Ceci fait, il se glisse près de la carafe et la remplace par le contenu d'une bouteille d'*Hunyadi janos* qu'il montre préalablement au public.

Entendant du bruit, il se sauve.

Pierrot apparaît, portant une soupière fumante qu'il dispose sur la table. Il rentre dans la maison.

Arlequin revient avec un pot sur lequel est écrit d'une manière apparente *magnésie* et qu'il vide entièrement dans la soupière. Après quoi, il va se mettre en embuscade dans un coin de la maison.

SCÈNE DOUZIÈME.

Tout le monde arrive pour se mettre à table.

Après une série de politesses réciproques, on finit pas s'installer.

Isabelle a vu Arlequin, qui lui envoie furtivement un baiser et lui renouvelle la recommandation de ne pas manger. Elle refuse en effet l'assiette de soupe que Pantalon lui passe. Il hausse les épaules et la donne à Pierrot, qui debout dans un coin, l'avale sans se faire prier.

Tous font mille compliments à Godiveau de son excellente cuisine. Celui-ci s'incline modestement. Il ne mange pas et cherche à se rendre aimable aux yeux d'Isabelle. La jeune fille lui tourne le dos.

Pierrot fait le service. Pantalon et le notaire ne perdent pas un coup de dent ; ils boivent et mangent sans s'arrêter. Quelques accidents mouvementent le repas. Le notaire est en train de chercher un bon morceau dans un plat, Pantalon distrait remet le couvercle où perle la vapeur bouillante et enferme la main du malheureux tabellion. Une autre fois, le notaire regardant, du coin de l'œil, d'un air goguenard Godiveau et Isabelle, verse à boire à Pantalon et vide le liquide sur les mains de celui-ci.

Enfin, Pantalon, agacé par une mouche qui vient se mettre tantôt sur son verre, tantôt sur son assiette, tantôt sur son nez, se livre à une chasse en règle avec sa fourchette, son couteau ou sa serviette. Dans un mouvement brusque et mal calculé, il accroche la perruque du notaire avec sa fourchette, en voulant donner un coup au vol à l'importune bête.

On a fini de dîner. Pantalon fait desservir ; on met un tapis sur la table et on laisse la carafe et un verre d'eau. Le notaire va faire la lecture du contrat.

Pantalon invite gracieusement Godiveau à s'asseoir sur une chaise et intime à sa fille l'ordre de prendre sa place à côté de son fiancé. La pauvre Isabelle obéit de mauvaise grâce et jette des coups d'œil désespérés du côté où se cache Arlequin. Celui-ci apparaît de temps en temps pour la rassurer.

Le notaire met gravement ses lunettes et commence à lire le contrat. Il donne peu à peu des signes visibles d'inquiétude. Il ne peut bientôt plus dissimuler son malaise. Pantalon s'informe avec intérêt de sa santé.

— Qu'avez-vous ?

— Je ne sais, mais je ne me sens pas très bien.

— Buvez un peu d'eau, cela vous remettra.

Et il lui verse un plein verre que le notaire avale d'un trait. Sa figure a repris quelque tranquillité ; mais elle se contracte bientôt. Il se lève précipitamment et mettant le contrat entre les mains de Pantalon, il disparaît dans un bosquet.

Pantalon s'étonne de cette fuite rapide,

mais il n'y attache pas une grande importance, et prenant la place du notaire, il continue la lecture du contrat. Sa figure exprime bientôt une angoisse assez vive. Il se raidit; la sueur lui perle au front. Il se verse à son tour un verre d'eau et le vide. Rien n'y fait, sa douleur augmente. En proie à une lutte violente, il se lève et met précipitamment le contrat dans les mains de Pierrot qui s'était avancé pour le soutenir. Il s'échappe aussi vite qu'il peut.

Stupéfaction des assistants. Pierrot cependant croit de son devoir de continuer la besogne de son maître et après avoir mis les lunettes du notaire, il lit le contrat. Le voici qui tremble à son tour; ses jambes flageolent; le papier saute dans ses doigts. Il le dépose sur la table, se précipite sur la carafe qu'il porte à ses lèvres avidement. Cette boisson active son mal, il s'esquive à son tour et en passant à portée d'Arlequin, il reçoit de celui-ci un grand coup de batte sur la partie de son individu qui le préoccupe le plus.

SCÈNE TREIZIÈME.

Godiveau resté seul avec Isabelle devient tendre. Il lui peint sa flamme chaleureusement et

11.

veut la prendre par la taille : elle s'échappe. Arlequin se montre et fait pirouetter Godiveau.

Le pâtissier le prend de très haut et demande à Arlequin ce qu'il vient de faire.

— T'enlever, mademoiselle que j'aime et qui m'aime.

Godiveau, furieux, passe près d'Isabelle qui le fait pirouetter, lui donne un soufflet et prend le bras d'Arlequin.

Godiveau, rouge de colère, menace Arlequin de se plaindre à Pantalon.

— Tenez, voilà Pantalon, répond Arlequin en haussant les épaules. Plaignez-vous.

SCÈNE QUATORZIÈME.

Le malheureux Pantalon reparaît l'air défait, suivi du notaire, la figure livide.

Lorsque Godiveau s'approche de lui, Pantalon le saisit à la gorge.

— Empoisonneur ! c'est toi qui m'as mis dans cet état. Tu voulais me tuer pour hériter de moi plus vite. Mais je ne suis pas encore mort et tu répondras devant la justice de ton épouvantable cuisine.

Le notaire fait chorus naturellement. Pierrot revient joindre ses lamentations à celles de son maître et tous entourent le malheureux Godiveau d'un air menaçant. Ses dénégations ne servent à rien.

Arlequin qui s'est tenu un peu à l'écart, s'avance alors et supplie Pantalon de lui donner Isabelle.

Pantalon, qui la donnerait plutôt au diable qu'à Godiveau, consent aussitôt et l'on chasse honteusement le pâtissier qui part affolé.

Le notaire est immédiatement requis pour faire le nouveau contrat. Au moment de signer, Pantalon, s'adressant à Arlequin:

— Tu ne sais pas faire la cuisine, toi?

— Ah! Dieu non! répond Arlequin en riant.

Et Pantalon signe.

PIERROT EN MÉNAGE

PERSONNAGES

PIERROT, tailleur.

LÉANDRE.

MADAME PIERROT.

PIERROT EN MÉNAGE

Le théâtre représente une chambre modeste. Porte d'entrée au fond. A droite au second plan, une fenêtre. Portes à droite et à gauche, premier plan. A droite, en scène, un petit établi de tailleur, avec les accessoires obligés, fers, ciseaux, mètre, etc. Meubles.

SCÈNE PREMIÈRE.

Pierrot travaille, accroupi à la turque. Il répare un vieux pantalon. Le fond est lamentable, l'étoffe craque sous la pression des doigts. Pierrot hoche la tête : il sera bien difficile de faire quelque chose de convenable avec un pantalon aussi mûr. Enfin, on peut toujours essayer.

Il cherche sur son établi un morceau de drap se rapprochant autant que possible, comme couleur, du pantalon à réparer. Il ne trouve d'abord que des nuances plus disparates les unes que les autres. Impossible d'utiliser cela ; ce serait d'un effet déplorable. — Ah ! voilà l'affaire. — Malheureusement le morceau est grand comme la main et le fondement du client a une superficie des plus respectables. Pierrot s'impatiente, bouscule tout sur son établi, se pique avec ses ciseaux, se brûle à ses fers ; enfin furieux, il jette au loin le pantalon et prend un habit, où il n'y a que des reprises à faire. Le voilà tirant l'aiguille pendant que madame Pierrot, sa femme, dort à poings fermés dans un fauteuil à gauche de la scène.

A plusieurs reprises, Pierrot a jeté les yeux sur elle, pour s'assurer que rien ne trouble son sommeil. Il finit par laisser tomber son ouvrage sur ses genoux et il se met à contempler sa femme avec amour.

— Comme elle est fraîche ! Son petit nez frétille en dormant ! Regardez ces cils ! longs comme le doigt ! Et sa main fine et son pied, et tout ! car elle est charmante des pieds à la tête.

Pierrot aperçoit des mouches qui vont réveiller sa femme. Il se lève doucement, met pied à terre et vient éventer le visage de madame Pierrot. Pendant qu'il se livre à cette opération, il entend un bruit étrange par terre. Il regarde autour de lui, dans tous les coins, il finit par apercevoir une petite souris qui grignotte le morceau de cire qui lui sert à préparer son fil.

— Eh bien! ne nous gênons plus! Mais c'est égal, c'est un goût bien singulier. Je n'aimerais pas beaucoup ce plat. Attends! attends!

Et allant décrocher son chapeau qui se trouvait à une patère au fond du théâtre, il s'approche de notre gourmande avec mille précautions et la coiffe brusquement de son couvre-chef.

Mais la rusée bête a vu le mouvement et quand Pierrot passe la main sous son chapeau , il n'en retire que le morceau de cire : la souris avait fui.

Où est-elle? Il la revoit au pied de son établi et alors commence une chasse en règle. Après plusieurs tentatives infructueuses , Pierrot a enfin capturé la bête dans cette souricière d'un nouveau modèle. Elle est bien prise. Pierrot devine les bonds qu'elle fait aux soubresauts du fond de son chapeau. Mais il reste là, les deux mains sur les bords de son feutre, sans oser le lâcher et craignant surtout d'être mordu par le rongeur qui doit être naturellement furieux de son incarcération.

Le bruit de cette chasse a réveillé madame

Pierrot qui regarde, avec étonnement et les yeux encore tout ensommeillés, son mari, à quatre pattes sur le plancher, en arrêt devant son chapeau.

— Que fais-tu là?

Pierrot la met au courant. Quand la jeune femme a compris qu'il s'agit d'une souris, elle pousse un petit cri d'effroi et grimpe sur le fauteuil où elle était assise.

Pierrot rit de sa frayeur et lui dit qu'elle ferait mieux de l'aider à se débarrasser de la bête. Il ne peut pas rester indéfiniment dans cette posture. Madame Pierrot lui répond de se débrouiller, mais il ne faut pas qu'il compte sur elle. Toucher à cette horrible bête! Elle en frissonne à la seule pensée. Elle reste donc à son observatoire et suit avec une certaine inquiétude les efforts de Pierrot qui cherche à s'emparer de la souris, sans être mordu et sans qu'elle puisse s'échapper.

Victoire! il a saisi la queue. De ce côté, pas de danger d'être mordu! Et triomphant, il balance la bête devant sa femme, qui pousse des cris de paon et qui lui fait signe de jeter la souris par la fenêtre. Pierrot obéit.

Madame Pierrot, rassurée, descend de son fauteuil et s'y installe de nouveau pour reprendre son sommeil. Son mari lui fait remarquer timidement qu'elle a peut-être assez dormi et qu'elle serait bien gentille si elle voulait lui donner un coup de main.

— Raccommoder des fonds de culotte! Jamais !

— Oh! non, pas ça. Mais, tiens! Voilà un habit où il n'y a que des reprises à faire. C'est peu de chose. Pendant ce temps, moi, je reprendrai ce pantalon que j'avais jeté, lassé, mais qu'il faut bien finir cependant.

Madame Pierrot refuse et se retourne pour dormir. Pierrot insiste. D'un revers de main elle fait voler, par la chambre, habit et pantalon. Pierrot commence à sentir la moutarde lui monter au nez.

— Puisque tu ne veux pas m'aider, dit-il, soit. Mais alors, fais le ménage. La chambre a besoin d'être balayée et essuyée.

— Ça m'ennuie!

— Ah! c'est trop fort. Eh bien! je commande maintenant. Tu vas faire ton ménage.

— Non !

— Si ! Ne me pousse pas à bout. Obéis.

Et la prenant d'une main ferme, il la fait lever.

Madame Pierrot pousse des cris, prétend qu'il

lui martyrise le bras et furieuse, renverse le fauteuil, casse un vase sur la cheminée et met tout en désordre.

Pierrot, anéanti, tombe assis sur son établi. Il n'a malheureusement pas vu une pelote d'aiguilles qui le force à se relever promptement.

Madame Pierrot a une crise de nerfs et sanglote dans un coin.

En mari amoureux, Pierrot ne manque pas cette occasion de faire une bêtise. C'est lui qui a raison, il s'avoue coupable et vient demander pardon à sa femme. Il la calme, lui essuie les yeux, l'embrasse, relève le fauteuil et la fait asseoir, puis il la supplie de vouloir bien dormir pendant qu'il va réparer le désordre et terminer habit et pantalon.

Madame Pierrot accepte parfaitement ce programme, qui est suivi de point en point par chacun des deux époux.

A peine Pierrot est-il remonté sur son établi qu'on frappe à la porte.

Madame Pierrot s'est réveillée, mais elle ne bouge pas, naturellement, et c'est son mari qui va ouvrir.

SCÈNE DEUXIÈME.

Entre Léandre richement vêtu.

— M. Pierrot, tailleur? demande-t-il d'un air gracieux.

— C'est moi, pour vous servir, répond Pierrot avec force courbettes.

— Je voudrais que vous me prissiez mesure pour me faire un vêtement pareil à celui-ci.

— Mais parfaitement, dit Pierrot ravi de cette bonne aubaine.

Il lance un regard joyeux à sa femme et il passe à son établi pour prendre son mètre, un crayon et une feuille de papier.

La commande d'un habit n'est qu'un prétexte, Léandre apprécie mieux les yeux de madame Pierrot que la coupe élégante des ouvrages de son mari. Le jeune homme regarde donc madame Pierrot d'une manière significative et la coquette femme éprouve une satisfaction visible à constater l'hommage rendu à sa beauté par ce charmant cavalier.

Léandre montre à madame Pierrot un billet qui lui est destiné. La difficulté est de le faire parvenir à son adresse sans que Pierrot s'en aperçoive.

Celui-ci a commencé à prendre les mesures, qu'il dicte à sa femme à qui il a remis le papier et le crayon. Léandre s'ingénie à trouver les moyens de glisser sa lettre, il n'y parvient pas. Pierrot relève toujours la tête au mauvais moment.

Une fois, il vient d'étendre le bras, lorsque Pierrot le lui saisit. Léandre se croit découvert, il a eu à peine le temps de fermer la main et de dissimuler ainsi la lettre. Pierrot n'a rien vu. Il demande à son client de l'air le plus aimable de tenir ainsi son bras en l'air, afin de prendre mesure de la manche. Lui prenant même le poing, qui serre le billet, il lui plie l'avant-bras, pour compléter ses mesures. Léandre et madame Pierrot tremblent de tous leurs membres et ne se rassurent que lorsque Pierrot, après avoir dicté les mesures, passe tranquillement à une autre partie du corps.

Il faut pourtant que cette lettre arrive à destination. C'est madame Pierrot qui trouve le moyen. Une idée de génie. Elle glisse rapidement dans son corsage le papier sur lequel elle prenait ses mesures et fait semblant de bibeloter sur la cheminée. Pierrot, qui a deux ou mesures à lui dicter, vient lui frapper sur l'épaule et lui dit d'écrire.

Elle cherche alors partout son papier d'un air étonné.

— Qu'a-t-il pu devenir ? Je le tenais là, il y a une seconde. Oh ! c'est trop fort.

Et tous trois se mettent à rire de la disparition miraculeuse du papier.

Pierrot ne s'en préoccupe pas outre mesure. On le retrouvera, il ne peut être bien loin.

— Si madame veut celui-ci, elle pourra continuer ses notes. Et Léandre tirant ostensiblement le billet de son habit, le remet à madame Pierrot, sous le nez du pauvre mari, qui remercie vivement Léandre.

A peine Pierrot a-t-il tourné le dos pour reprendre les dernières mesures qu'il a oubliées que madame Pierrot opère la substitution des deux papiers. Le poulet disparaît dans son corsage, où elle a repris le papier aux mesures, qu'elle feint d'avoir retrouvé tout à coup au pied du fauteuil.

Pierrot a fini. Il dit à Léandre qu'il va se mettre immédiatement au travail et que son client sera certainement content. Il lui montre quelques échantillons. Léandre choisit, salue et sort. Pierrot l'accompagne, ne voulant le quitter que dans la rue.

SCÈNE TROISIÈME.

Madame Pierrot, seule, lit aussitôt le billet de Léandre. Elle sourit d'abord aux compliments sur ses bonnes grâces, puis sa physionomie prend tout à coup une expression assez inquiète. Léandre termine en lui disant qu'il viendra le soir, qu'elle devra laisser la porte ouverte et qu'il se propose de fuir avec elle.

— Fuir ! ceci va un peu loin. Pierrot, après tout, est un bon garçon, travailleur, qui m'aime. Il serait trop malheureux si je l'abandonnais. Le voilà.

Et madame Pierrot se sauve dans sa chambre pour continuer de rêver seule à cette aventure. Elle a mal glissé le billet dans son corsage ; il s'échappe dans sa fuite et tombe à terre.

SCÈNE QUATRIÈME.

Pierrot rentre enchanté. Il saute gaiement sur son établi et se met à l'ouvrage. Ses yeux s'arrêtent tout à coup sur le billet que madame Pierrot a laissé tomber. Il n'y fait pas d'abord grande attention et il continue à travailler. Cependant, malgré lui, ses regards se portent toujours sur ce papier qui ne lui paraît pas un papier ordinaire. Il finit par se lever et par aller le ramasser.

A peine a-t-il jeté les yeux dessus qu'il tressaille. Il lit et l'indignation s'empare de lui ; il fait de violents gestes de menace du côté où Léandre est parti. Sa colère se transforme en une poignante douleur lorsqu'il arrive à la fin de la lettre. Il tombe sur son fauteuil et il sanglote.

— Ah ! j'étais fou ! Je l'aimais trop. Qu'elle me fait de mal ! Après tout, ce n'est pas sa faute ; elle est légère... pas plus de cervelle qu'un oiseau. Je ne peux pas lui en vouloir. Mais l'autre...

Pierrot se lève et, tragique, court à la porte... Il s'arrête.

— Non ! calme-toi, mon cœur. Attendons. J'ai une idée.

Il essuie ses yeux, prend un air aussi souriant que possible et va appeler sa femme.

SCÈNE CINQUIÈME.

Celle-ci arrive fort inquiète. Elle s'est aperçue de la disparition du billet. Son mari l'aurait-il trouvé ? Pourquoi la demande-t-il ? Que va-t-il

lui dire ? Elle se rassure cependant en voyant
son air calme. Il plie des vêtements et les enveloppe dans une chemise de toile noire. Il dit
à sa femme qu'il va livrer ce travail et il la prie
de l'aider à s'habiller.

Madame Pierrot distraite et cherchant toujours sa lettre, habille son mari tout de travers.
Celui-ci fait mine de prendre la chose en riant.

— Tu n'es bonne à rien, tiens ! Tu ne sais
que dormir. Enfin ! à tout à l'heure.

Pierrot l'embrasse au front, la regarde un
moment dans les yeux et sort.

SCÈNE SIXIÈME.

Madame Pierrot pousse un soupir de soula-
gement et se remet en quête de sa lettre. Rien.
Le jour baisse. Léandre ne va pas tarder à arriver. Elle va entr'ouvrir la porte du fond. Elle rece-
vra le jeune homme, mais elle dira bien qu'elle
ne veut pas abandonner sa maison,

Mais cette lettre ? Il fait nuit du reste, on ne
voit plus rien. Il faut aller chercher de la lumière et continuer cette malheureuse chasse
aux pattes de mouche.

SCÈNE SEPTIÈME.

Au moment où madame Pierrot va entrer dans sa chambre pour aller chercher de la lumière, Léandre qui est entré à pas de loup l'arrête sur place avec un baiser. Madame Pierrot pousse un petit cri, que Léandre étouffe vite de la main. Il se fait reconnaître, la remercie d'avoir laissé la porte ouverte, lui renouvelle l'assurance de son amour et veut l'entraîner.

Madame Pierrot résiste. Elle lui fait part de ses inquiétudes. Elle a perdu sa lettre. Son mari l'a peut-être trouvée ! Il est allé reporter de l'ouvrage, mais il ne saurait tarder à rentrer.

— Alors venez vite, dit notre amoureux.

— Non ! Je ne veux pas vous suivre. Vous dites que je suis jolie, je ne peux pas me fâcher. Vous ajoutez que vous m'aimez, je ne puis vous en empêcher. Mais n'allons pas plus loin. Je ne partirai pas.

Supplications de Léandre qui fait appel à la pantomime la plus chaleureuse pour convaincre la jeune femme de sa passion et l'étourdir au point qu'elle ne pourra pas résister.

SCÈNE HUITIÈME.

Pendant qu'on bat ainsi en brèche la vertu de sa femme, Pierrot est revenu. Il est entré sans bruit par la porte restée ouverte et, malgré l'obscurité, il a entrevu le couple amoureux.

Profitant d'un moment où Léandre s'est un peu reculé, Pierrot prend la main de sa femme, la couvre de baisers et, la faisant reculer, prend ainsi la place qu'elle occupait. Il tend alors sa main à Léandre. Celui-ci s'en empare avec empressement et l'embrasse passionnément.

Pierrot s'amuse ainsi à berner sa femme et Léandre. On se perd, on se cherche dans l'obscurité et Pierrot, réglant toute cette scène, se trouve toujours avec sa femme ou avec Léandre dont il lui faut subir les protestations amoureuses.

Madame Pierrot a enfin trouvé à tâtons la porte de sa chambre. Elle sort pour aller chercher de la lumière.

Pendant ce temps, Léandre devient de plus en plus pressant auprès de la pseudo-madame Pierrot. Celle-ci faiblit et finit par tomber dans les bras de Léandre, dont le bonheur est sans bornes... jusqu'au moment où madame Pierrot, rentrant, éclaire la situation.

Confusion de madame Pierrot et de Léandre et joie de Pierrot qui s'est moqué si adroitement de son rival. Il lui montre la porte et pour ajouter une cascade *nature* à celles auxquelles il vient de se livrer dans l'obscurité, il prend un seau d'eau et en coiffe Léandre. Celui-ci se débat dans son casque et n'y voyant goutte.... sous celles qui l'aveuglent prend la fenêtre pour la porte et tombe dans la rue.

Pierrot s'assure qu'il ne s'est pas fait de mal et lui souhaite bon voyage d'un air goguenard.

SCÈNE NEUVIÈME.

Madame Pierrot, honteuse, s'agenouille devant son mari et le supplie de lui pardonner. Elle jure d'être sage et travailleuse et Pierrot attendri la relève, l'embrasse et pardonne.

LE MANNEQUIN

PERSONNAGES

PIERROT.

CASSANDRE, propriétaire.

COLOMBINE, couturière.

NICETTE.

LE MANNEQUIN

Le théâtre représente un salon de couturière. Tables sur lesquelles sont jetées des robes, des étoffes. Un mannequin juponné et disposé de façon que quelqu'un puisse se dissimuler à l'intérieur. Une tête de poupée sur la cheminée.

SCÈNE PREMIÈRE.

Au lever du rideau, Colombine travaille. Elle cherche à ajuster la manche d'une robe et n'y parvient pas. Elle s'irrite et finit par jeter nerveusement de côté corsage et manche. A ce moment, Nicette entre et remet une carte à sa maîtresse. Colombine fait la grimace et d'un air résigné ordonne à Nicette d'introduire la personne.

SCÈNE DEUXIÈME.

Cassandre, propriétaire de la maison où demeure Colombine, se présente et, après avoir salué gracieusement, exhibe la fatale quittance.

Colombine fait semblant de ne pas voir ce désagréable papier et, pleine de prévenances, enlève son chapeau de la main de Cassandre en le priant de s'asseoir.

Cassandre remercie, s'asseoit et montre de nouveau la quittance.

Colombine arrête son mouvement en lui demandant s'il n'a pas faim.

— Mais, non.

— Oh! un rien, un biscuit avec un doigt de vin?

Cassandre sourit d'un air gourmand et se laisse faire violence.

Colombine sonne Nicette, lui donne des ordres et pendant que celle-ci les exécute, Cassandre allonge encore une fois sa quittance.

Colombine lui fait immédiatement remarquer que la cheminée fume et qu'il y a une lézarde au plafond. Il faut qu'il fasse des réparations.

— Eh! bien, on verra, répond le propriétaire, mais d'abord veuillez payer...

Sa phrase est coupée par Colombine qui lui tend un verre de vin que Nicette vient d'apporter. Elle lui offre galamment des biscuits.

Cassandre boit et mange. Il adresse à Colombine quelques mots flatteurs sur son vin. La rusée couturière lui en verse un second verre. Celui-ci met le barbon en belle humeur ; il ne pense plus à présenter sa quittance, mais il commence à faire la cour à sa jolie locataire. Celle-ci proteste en riant. — Eh ! bien, eh ! bien, monsieur Cassandre, que faites-vous là ?

Sa résistance excite le vieillard qui pour se donner du courage se verse un troisième verre, le boit et tombe aux genoux de Colombine en lui prenant le bras. Celle-ci se dégage et Cassandre tombe sur les mains.

Il reste là dans cette position grotesque sans pouvoir se relever. Il finit par implorer piteusement l'aide de la jeune couturière.

Colombine refuse. Une idée lui traverse l'esprit. — Donnez-moi ma quittance et je vous relève. Sinon, je vous laisse là et tout le monde vous verra. Ce sera joli !

Cassandre gémit, mais son avarice est trop forte pour qu'il consente au sacrifice qu'on lui demande. Il refuse et se traînant jusqu'à un fauteuil, il se relève péniblement et tombe assis.

Il fait alors à son tour une proposition à Colombine. Lui montrant la pendule, il lui dit qu'il lui donnera sa quittance, si elle le reçoit à dix heures chez elle.

Protestations indignées de Colombine et représentation de la quittance de Damoclès.

Enfin Colombine accepte en faisant comprendre au public qu'elle trouvera bien un moyen pour duper le vieillard, et Cassandre tout rayonnant, sort en envoyant des baisers à sa locataire.

— A dix heures !

— A dix heures ! Mais du mystère !

SCÈNE TROISIÈME.

Colombine, restée seule, réfléchit un moment.
— Payer la quittance ? Elle n'a pas un sou. Céder au vieux propriétaire ? Ce n'est pas gai. Que faire ? Elle n'en sait trop rien. Enfin ! elle trouvera peut-être. Le jour baisse, elle sonne Nicette, lui dit qu'elle va essayer une robe en ville et lui confie la garde de la maison.

SCÈNE QUATRIÈME.

Nicette met un peu d'ordre dans la pièce. Elle

s'arrête de temps en temps pour regarder par la fenêtre ou prêter l'oreille à un bruit qu'elle croit entendre.

Au bout d'un instant, on entend dans la rue un air de clarinette. Nicette saute de joie, et prenant la tête de poupée, la place sur une table devant la fenêtre, puis vient allumer un candélabre.

Le signal a été vu. La clarinette se tait et Pierrot ne tarde pas à apparaître sur le seuil de la porte.

SCÈNE CINQUIÈME.

Pierrot embrasse à pleines joues l'heureuse Nicette et lui offre un bouquet de marguerites. Tous deux prennent une fleur et l'effeuillent chacun de son côté. La réponse est satisfaisante de part et d'autre, car Pierrot et Nicette accourent joyeux l'un vers l'autre et s'embrassent de nouveau.

Le cœur satisfait, Pierrot songe à satisfaire également son estomac.

Les reliefs du lunch du propriétaire sont restés là. Cette bouteille et ces biscuits attirent notre gourmand.

Il s'installe, avec Nicette sur son genou et

tous deux, buvant au même verre et mordant au même biscuit, se disent les choses les plus charmantes.

Le tête-à-tête est troublé par un bruit venu du dehors. — Voilà Madame ! s'écrie la soubrette qui saute sur ses pieds.

Pierrot affolé court à travers la chambre, cherche à se dissimuler sous les meubles, sous les étoffes ; enfin, Nicette le pousse dans le mannequin.

SCÈNE SIXIÈME.

La porte s'ouvre à ce moment. Colombine entre et Nicette range avec une ardeur inaccoutumée. Colombine la congédie. Nicette, attérée par cet ordre, essaie de traîner son départ en longueur ; elle demande à sa maîtresse si elle n'a besoin de rien, si la pièce est en ordre. Colombine, impatientée, lui ordonne de s'en aller. Nicette sort en jetant un coup d'œil désespéré du côté du mannequin.

SCÈNE SEPTIÈME.

Colombine regarde la pendule, ferme avec précaution les rideaux de la fenêtre, s'assure que Nicette n'est plus dans la pièce voisine et s'asseoit dans un fauteuil où elle attend un moment en rêvassant.

Pendant ces allées et venues, Pierrot naturellement montre sa tête au-dessus du mannequin ou la cache, selon que Colombine s'approche ou s'éloigne. Lorsqu'il la voit s'asseoir, il croit le moment propice pour s'en aller et il sort discrètement de sa prison. Il est arrêté en route par de légers coups frappés à la porte. Il n'a que le temps de réintégrer son mannequin.

Colombine va ouvrir.

SCÈNE HUITIÈME.

C'est Cassandre. Il arrive muni d'un pâté et d'un homard. Il dépose ses victuailles sur la table et vient baiser galamment la main de Colombine.

La couturière lui fait remarquer qu'elle a tenu sa parole, qu'elle l'a laissé venir et que c'est à son tour de tenir la sienne : la quittance?

Cassandre la tire de sa poche, la lui montre et met la main prestement derrière son dos lorsque Colombine va s'en emparer.

— Soupons d'abord, nous verrons ensuite.

Colombine met le couvert en boudant. Pierrot a suivi toute cette scène qui l'a mis au courant de la situation. Il fait un geste de menace au vieillard. — Ah! tu veux séduire Colombine. Eh! bien, attends.

Et dès lors, il se livre à mille gamineries qui arrêtent toujours le barbon dans ses tentatives amoureuses. La table est dressée près du mannequin, la chaise de Cassandre tourne le dos à celui-ci.

Pierrot commence par reculer cette chaise au moment où Cassandre va s'asseoir. Culbute du vieillard. Colombine vient le relever et l'aide à s'asseoir. Tout meurtri, Cassandre geint un moment, le nez dans son assiette. Enfin, il se remet ; il s'empare du pâté, sert Colombine et se met à manger, tout en flirtant.

Pierrot, toujours dans son mannequin, a aperçu une araignée qui descend le long du mur ; il l'attrape au passage par une patte et la laisse tomber dans l'assiette de Cassandre. Effroi de celui-ci qui a failli avaler l'horrible bête. Il l'écrase avec dégoût et ne pouvant plus toucher au pâté, il prend le homard et l'élève victorieusement, en souriant à Colombine. Pierrot l'enlève, en décharge un coup sur la tête de Cassandre et lance la bête au milieu de la chambre. Ca. sandre se lève effrayé, il croit la bête encore vivante. Il se frotte la tête; il explique à Colombine, qui ne voit pas les cascades de Pierrot, que le homard lui a pris le front avec ses pinces et a sauté sur le parquet.

— Il vit encore ! Mais c'est curieux, il est rouge !

Et tous deux se penchent au-dessus du crustacé qui gît sans mouvement.

Cassandre lui frappe plusieurs coups sur la tête avec un couteau et, le jugeant mort, le reprend non sans précautions. Colombine n'a plus faim. Elle dit à Cassandre qu'il est inutile d'ouvrir le homard, qu'il est tard et qu'il doit s'en aller, après lui avoir donné sa quittance, naturellement.

Cassandre la prend par la taille et lui demande un baiser. Colombine détourne la tête.

— Ah ! un baiser ou pas de quittance !

Colombine se résigne en faisant la moue. Au moment où Cassandre, dont la figure est illuminée, va embrasser sa jolie locataire, Pierrot tire de sa clarinette une plainte lamentable.

Cassandre s'arrête stupéfait et regarde Colombine qui, très étonnée elle-même, se demande d'où peut venir ce bruit.

Cassandre court au homard. — C'est lui ! dit-il. Colombine hausse les épaules.

Rien ne bouge dans la pièce. Ils finissent par croire que le bruit est venu du dehors.

Cassandre, contrarié, ne sait comment reprendre son discours. Enfin, il commence un nouveau madrigal et se dispose encore à embrasser Colombine, lorsque Pierrot l'arrête par un couac énergique de son instrument.

Cassandre saute. — Ah ! c'est assommant, on ne peut pas faire la cour à une femme dans ces conditions-là. Mais d'où vient ce bruit ?

On regarde partout. Rien.

— C'est Nicette qui ronfle là-haut dans sa chambre, dit Cassandre.

Et il reprend ses tentatives auprès de Colombine, mais celle-ci, agacée, le pousse du côté de la porte. Cassandre tire la quittance et la lui montre.

— Tant pis ! dit Colombine, allez au diable avec votre quittance. Vous n'aurez rien : ni baiser, ni argent !

Au moment où, furieux, Cassandre fait un geste menaçant, Pierrot allonge le bras et lui enlève la quittance et joyeux se met à danser dans le mannequin.

Cassandre, croyant à une machination infernale, se met à trembler de tous ses membres.

Colombine moins peureuse, tourne autour du mannequin et découvre Pierrot.

Elle le fait sortir de sa carapace et lui demande ce qu'il fait là.

Pierrot, pour toute réponse, s'agenouille devant elle et dépose la quittance et sa clarinette à ses pieds. Il raconte ce qui s'est passé : il est amoureux de Nicette ; il était venu la voir pendant l'absence de Colombine ; surpris par son retour, il s'est caché dans le mannequin. Il a assisté à la scène entre Cassandre et Colombine et, pour la défendre, il s'est livré aux tours qui ont si fort effrayé le vieux propriétaire.

Mise en possession de sa quittance, Colombine ne saurait en vouloir à Pierrot de son escapade. Elle lui ordonne de mettre Cassandre à la porte.

Le propriétaire proteste, il réclame énergiquement sa note. Il lutte avec Pierrot qui lui jette à la tête les restes du pâté et le homard.

Nicette accourt au bruit de la lutte et prend part au combat. Ecrasé sous une avalanche de projectiles, le malheureux [Cassandre est obligé de battre en retraite. Il tourne les talons et Pierrot et Nicette demeurent maîtres du champ de bataille.

Pour célébrer sa victoire, Pierrot se dispose à jouer un air de clarinette ; il tire quelques sons incohérents. Colombine et Nicette lui demandent grâce.

Pierrot paraît d'abord froissé dans son amour-propre d'artiste, puis il remet sa clarinette dans sa poche, et lance joyeusement son chapeau au plafond. en signe de triomphe.

SATAN DUPÉ

PANTOMIME EN QUATRE TABLEAUX

13.

PERSONNAGES ·

PIERROT.
SATAN.
LÉANDRE.
COLOMBINE.

SATAN DUPÉ

PREMIER TABLEAU

Le théâtre représente une place publique. A gauche, la boutique d'un marchand de bric-à-brac. A droite, la maison de Colombine. Un balcon.

SCÈNE PREMIÈRE.

Au lever du rideau, le brocanteur, qui n'est autre que Satan, arrange la montre extérieure de sa boutique.

Colombine sort de sa chambre et vient s'accouder au balcon pour respirer le frais.

Pierrot, qui guettait dans une rue voisine l'apparition de Colombine, s'élance en scène, guitare au dos, et salue la jeune fille. Lorsqu'il se relève pour prendre une pose d'amoureux, Colombine tourne le dos et rentre chez elle.

Pierrot reste penaud sur place.

Le marchand de bric-à-brac fait entendre un rire narquois.

Pierrot se retourne furieux, mais le marchand est rentré dans sa boutique.

Pierrot, ayant entendu dire que la musique attendrissait les pierres, prend sa guitare et se prépare à offrir une sérénade à la cruelle Colombine.

Il est malheureusement instrumentiste médiocre. Il sue sang et eau pour accorder sa guitare, luttant avec les chevilles qui ne tiennent pas, prenant les postures les plus invraisemblables pour s'en rendre maître. Il demande le *la* au chef d'orchestre. Il pince sa corde; c'est horriblement faux, mais Pierrot n'a pas l'oreille très musicale, il semble absolument satisfait.

Il va commencer son morceau. Le marchand, assis devant sa boutique, étend vers lui les mains avec un air satanique et les cordes de la guitare font entendre un affreux charivari. Ce ne sont que miaulements et sons de cuivre fêlé. Pierrot n'en continue pas moins à jouer en s'écoutant avec complaisance.

Colombine sort de sa chambre et, furieuse, vient vider un pot d'eau sur la tête du pauvre musicien.

Pierrot se secoue comme un barbet et vide son instrument.

SCÈNE DEUXIÈME.

Pendant qu'il se nettoie, arrive Léandre, qui vient donner également une sérénade à Colombine.

Trouvant la place occupée, il empoigne Pierrot par un bras, le fait pirouetter et se prépare à jouer.

Pierrot, qui trouve ce procédé étrange, prend à son tour Léandre par le bras et l'envoie au côté opposé.

Après une courte altercation entre les deux musiciens, un accord se fait : ils joueront l'un à côté de l'autre.

Léandre commence. Il pince fort agréablement de la guitare.

Colombine apparaît au balcon.

Pierrot gratte avec rage, mais son instrument mouillé ne rend aucun son. Il le vide encore, l'essuie. Peine inutile. Il envoie sa guitare au diable — ce qui n'est pas une manière de parler, car il la lance au loin et c'est le marchand qui l'attrape au vol.

Ne pouvant jouer, il cherche à interrompre son rival. Il saute sur son instrument et veut le lui arracher des mains. Lutte qui se termine par le bris de la guitare dont un morceau reste dans la main des deux adversaires. Ceux-ci tombent respectivement sur leur... dos.

Colombine éclate de rire.

Léandre se relève, honteux d'avoir été vu par celle qu'il aime dans cette posture grotesque, et faisant un geste de menaces, il disparaît dans la rue voisine.

SCÈNE TROISIÈME.

Maître de la place, Pierrot revient au balcon non sans se frotter les reins. Colombine rentre chez elle.

Pierrot est désolé. Jamais il n'arrivera à toucher le cœur de cette femme.

Le brocanteur vient lui frapper sur l'épaule. Il lui dit qu'il ne faut pas se décourager ainsi, que le cœur des femmes est une girouette et qu'il s'agit seulement de changer le vent.

Il lui propose d'acheter quelque chose chez lui. Des cadeaux touchent merveilleusement les femmes.

Pierrot trouve l'idée excellente. Le marchand

lui présente des bottes à l'écuyère... Refus de Pierrot... un vieux casque romain... nouveau refus... un crocodile empaillé. Pierrot, impatienté, dit qu'il va choisir lui-même. Il prend un chapeau, des gants, une montre.

Le marchand réclame le prix de ces objets. Pierrot fait semblant de ne pas comprendre et se dirige vers la maison de Colombine.

Le marchand l'arrête et renouvelle sa demande d'une manière énergique. Il n'y a pas moyen de ne pas comprendre. — Très bien, fait Pierrot, attendez. Et le voilà, cherchant son argent dans toutes ses poches, dans son chapeau, histoire de gagner du temps et de se rapprocher de la boutique.

Arrivé à portée du casque, il s'en empare prestement, en coiffe jusqu'au cou le marchand et file rapidement vers la maison de Colombine dans laquelle il entre.

Le marchand retire le casque et fait entendre son rire satanique.

DEUXIÈME TABLEAU

La scène se passe chez Colombine. Une salle à manger.
Meubles. — Une fenêtre.

SCÈNE PREMIÈRE.

Pierrot entre avec ses cadeaux. Il exprime la
joie qu'il ressent à se trouver dans la chambre
où respire la belle Colombine.

Il embrasse les chaises sur lesquelles elle
s'est assise. Il trouve une paire de pantoufles
qu'il met sur son cœur. Il furette dans les armoires. Il trouve une bouteille de vin. Le vin de
sa chère Colombine ! Il embrasse la bouteille et
il boit. Il atteint un pot de confitures. Les confitures de sa chère Colombine ! Attendri, il embrasse le pot, et il y trempe le doigt.

Il continuerait ainsi à dévaliser sa chère Colombine... par amour pour elle, si celle-ci
n'arrivait.

SCÈNE DEUXIÈME.

Surprise de le trouver là, elle lui fait signe de sortir.

Pierrot s'excuse et lui dit qu'il n'est venu que pour lui offrir quelques cadeaux. Colombine s'adoucit. — Voyons, dit-elle.

Pierrot prend d'abord le chapeau qu'il met sur sa tête pour amuser Colombine. Il prend un vêtement de femme qu'il trouve sur une chaise et se le jette sur le dos. Il se promène ainsi de long en large en minaudant. Colombine ne peut s'empêcher de rire, et Pierrot, ravi, offre gracieusement le chapeau à la jeune fille.

La tête du marchand apparaît à la fenêtre. Rire satanique. Le chapeau se déchire.

Colombine se regarde dans la glace et se retourne vers Pierrot qui arrivait avec un bouquet.

Pierrot est navré. Il n'y comprend rien. Enfin il s'excuse du mieux qu'il peut et donne son bouquet.

La tête du marchand reparaît. Nouveau rire. Le bouquet se change en chou.

Colombine, furieuse, le jette à la tête de Pierrot et chasse le malheureux amoureux.

Il tombe dans les jambes de Léandre qui entre à ce moment.

SCÈNE TROISIÈME.

Léandre offre un sac de bonbons à Colombine. Enchantée, celle-ci ouvre le sac, mange un bonbon et pose le sac sur une table.

Elle revient vers Léandre et tous deux devisent amoureusement.

Pierrot, inquiet de voir son rival auprès de Colombine, rentre discrètement.

Il ne comprend que trop la pantomime des deux jeunes gens. A chaque geste passionné, à chaque protestation de fidélité, il prend un air terrible. Mais il adoucit chaque fois son désespoir en avalant un bonbon, car il est près du sac — Pierrot allant instinctivement aux gourmandises, comme le fer va à l'aimant !

De gestes indignés en gestes désespérés et réciproquement, Pierrot est arrivé au fond du sac.

A ce moment, Colombine, trouvant Léandre un peu trop pressant et voulant faire une diversion, demande un bonbon. Léandre, qui était aux genoux de la belle, se relève, arrive à la table, voit Pierrot et trouve le sac vide.

Nouvelle dispute. Voies de fait. Colombine les arrête à grand'peine. Ils sont tous deux dans l'état le plus piteux. Léandre a ses dentelles déchirées ; Pierrot a un œil poché.

Ils conviennent de se battre en duel et partent dans un état de grande surexcitation, pendant que Colombine s'évanouit dans un fauteuil.

TROISIÈME TABLEAU

— Une forêt. —

SCÈNE PREMIÈRE.

Léandre arrive au rendez-vous. Il regarde autour de lui. Personne. Il est le premier. Il dépose au pied d'un arbre la boîte de pistolets et la paire de fleurets qu'il a apportés et cherche un terrain convenable pour le combat. L'endroit où il se trouve lui paraît excellent. Les arbres cachent le soleil ; le sol est uni ; la clairière est suffisamment large. Voilà qui est bien.

Il revient à ses armes et les inspecte. Tout est en bon état.

SCÈNE DEUXIÈME.

Pendant qu'il se livre à cette occupation, Pierrot arrive à son tour, drapé dans un immense manteau noir.

Léandre le salue poliment, mais froidement. Pierrot répond par un signe de tête des plus secs.

Il ouvre son manteau sous lequel il dissimule tout un arsenal : une double paire d'épées et une double paire de pistolets. Les lames des épées sont enfermées dans un fourreau de serge verte serré au-dessous de la garde ; les pistolets sont pris par le pontet dans la poignée des épées. Il dépose son attirail au pied d'un arbre du côté opposé à Léandre.

Celui-ci lui fait part de ses précédentes recherches. Il lui fait remarquer que l'emplacement est bien choisi. Pierrot approuve toujours sèchement et lance des regards furibonds à son adversaire.

Léandre demande à Pierrot comment ils se battront : à l'épée ou au pistolet ? Pierrot répond :

— A l'épeu.

— Quelles armes prenons-nous ? ajoute Léandre. Les vôtres ou les miennes ?

— Les miennes.

— Soit. Mais pourquoi avez-vous apporté deux paires de fleurets?

— Une épée peut se casser dans le corps d'un des adversaires. En ce cas, nous en prendrons une autre pour continuer le combat.

Ces instincts sanguinaires, l'attitude brusque de Pierrot ne laissent pas que de surprendre Léandre, qui ne supposait pas à son rival tant de bravoure ni tant de cruauté.

Ce courage n'est qu'apparent, d'ailleurs, car lorsque Pierrot sent le fer de son adversaire contre le sien, la peur le prend et il commence à rompre en portant de violents coups droits dans le vide, Léandre ne parvenant jamais à le rejoindre. Ils font ainsi le tour du théâtre.

Les duellistes, courant risque dans une pareille rencontre.... de ne se rencontrer jamais, renoncent à employer l'épée et d'un commun accord ils changent leur arme contre un pistolet.

Pierrot impose encore ses armes. Tous deux se placent dos à dos au milieu du théâtre après avoir convenu qu'ils partiront ensemble, en

marchant vers l'extrémité de la clairière et
que là, ils feront demi-tour et tireront.

Après plusieurs faux départs, ils marchent en
se conformant aux conditions du combat.

Pierrot tire le premier. Il a tiré un peu haut.
La seule victime est un malheureux oiseau
qui tombe au milieu du théâtre.

Pierrot va le ramasser et le met dans sa poche. Un plat imprévu pour son dîner.

Pierrot, jugeant l'honneur satisfait, s'en
retourne à son arsenal qu'il se dispose à
ranger.

Léandre vient lui frapper sur l'épaule.

— Et moi?

— Comment, vous?

— Oui. Vous avez tiré, vous ; mais je n'ai
pas tiré, moi.

— Tant pis !

— Mais je vais tirer. Restez là.

— Ah ! jamais de la vie.

— J'en suis bien fâché, mais il le faut.

Pierrot tire de sa 'poche un petit livre, un
code du duel et se met à le feuilleter nerveusement. Léandre lui indique un paragraphe et Pierrot est forcé de reconnaître mélancoliquement
que son adversaire a raison.

Pendant qu'il reste dans une attitude piteuse,

Léandre s'éloigne et faisant demi-tour, tire un coup de pistolet.

Mais depuis quelques instants, Satan, enveloppé du traditionnel manteau sombre, est entré en scène et reste dissimulé derrière un massif. Au moment où Léandre fait feu, Satan pousse son rire et la balle tombe aux pieds de Léandre. Stupéfaction de celui-ci et joie folle de Pierrot qui se croyait déjà mort.

SCÈNE TROISIÈME.

Colombine, partie à la recherche des combattants, les découvre enfin. Elle se précipite entre eux pour les séparer. On lui annonce que tout est fini et qu'il n'y a personne de mort.

Elle entraîne Léandre, après avoir reproché vivement à Pierrot d'avoir voulu tuer son ami.

SCÈNE QUATRIÈME.

Pierrot, resté seul, se désespère, s'arrache les cheveux. Il s'arrête enfin à une sombre résolution.

Il veut mourir.

Il s'empare d'une épée, appuie la poignée contre un arbre et fait mine de s'embrocher. A peine l'épée l'a-t-elle touché, qu'il se redresse et passe le doigt sur la pointe. Il fait la grimace ; cela pique trop ; c'est très mauvais pour l'estomac, le fer pris dans ces conditions.

Il essaie alors de se couper le cou avec la même épée. C'est impossible.

Il va se pendre. Il tire à cet effet une corde de sa poche et cherche dans les arbres une branche propre à l'exécution de son dessein. L'une lui paraît trop faible, l'autre est trop haute. Enfin, voilà son affaire. Il lance le bout de la corde par dessus la branche, noue ce bout à l'autre et passe son cou.

Satan coupe la corde et notre ami Pierrot tombe à plat ventre sur le sol. Ahuri, il se relève et se demande avec désespoir, comment il arrivera à se tuer.

Satan apparaît. Effroi de Pierrot.

— Eh bien ! d'où vient ta surprise ? Ne suis-je pas mis à ta guise ? L'épée au côté, la plume au chapeau, l'escarcelle pleine, un riche manteau sur l'épaule !... Tu veux Colombine et de l'or ?

— Oui, monseigneur !

— Tu les auras !

— Ah ! l'honnête homme !

— Prends d'abord cette bourse. Et signe ceci.

Pierrot hésite quelques instants, mais la vue de la bourse et l'espoir de posséder Colombine le décide ; il signe.

— A moi les plaisirs !

La scène se termine par la mimique en charge du duo de Faust de Méphisto ou de celui de Robert-le-Diable. Rideau.

***

QUATRIÈME TABLEAU

Chez Colombine.

***

SCÈNE PREMIÈRE.

Pierrot entr'ouvre la porte et s'assure qu'il n'y a personne. Il entre, la figure rayonnante et montre au public deux énormes sacs d'argent qu'il porte sous ses bras. Il les dépose avec soin sur la table. — Le cœur de Colombine ne résistera pas à ces arguments-là. La voilà.

14.

SCÈNE DEUXIÈME.

Colombine entre et voyant Pierrot fait un mouvement de surprise. Elle lui commande de sortir.

— Je veux bien sortir, dit Pierrot ironiquement. Mais laisserez-vous aussi sortir ceci ?

Et il démasque ses batteries... d'espèces sonnantes.

Colombine court aux sacs. — C'est pour moi ? s'écrie-t-elle.

— Oui, pour vous et ce ne sont pas de simples pralines, comme celles que vous offre Léandre ; ce sont de beaux écus luisants et sonnants !

Colombine saute de joie et Pierrot profite de cette bonne disposition pour l'embrasser.

SCÈNE TROISIÈME.

Léandre apparaît sur ce tableau.

Indigné, il se précipite sur Pierrot qu'il fait pirouetter et il demande compte de sa conduite à Colombine.

Celle-ci, fort décontenancée, balbutie quelques explications et enfin, prenant le taureau

par les cornes, elle montre franchement l'or
que Pierrot vient d'apporter.

Léandre reste stupéfait. Il éclate bientôt en
reproches sanglants.

— Vous préférez Pierrot à moi ! Vous préférez cet or à mon amour ! Voyons ! ce n'est pas
possible. Rappelez-vous comme je vous aimais ! voyez, je pleure. Un mot, un regard. Colombine... quoi ! Pas un mot...

Ah ! je vous avais mal jugée ; vous n'avez
pas de cœur. Je vous hais maintenant. Adieu.

Il sort.

SCÈNE QUATRIÈME.

Colombine reste un moment, le sourcil
froncé. Elle hoche tristement la tête. — Pauvre
garçon ! — Elle essuie une larme.

Mais sa nature légère et coquette reprend le
dessus et chassant de la main ce remords qui a
un instant assombri ses jolis yeux, elle sourit
de nouveau et fait un geste qu'il est facile de
traduire par : Bah !

Pierrot, inquiet un moment, et qui suivait ce
jeu de physionomie, reprend aussi sa gaîté et
tous deux ne songent qu'au bonheur qui les

attend... quand la porte s'ouvre et laisse passer Satan en personne.

SCÈNE CINQUIÈME.

Colombine reste sur place clouée par la peur.

Pierrot, se rappelant tout à coup son pacte, cherche à fuir.

Satan l'arrête d'un geste. Il s'approche, salue galamment Colombine et la supplie de se remettre de sa frayeur. Il est bon diable! et ne lui veut nul mal. C'est à Pierrot qu'il a affaire. Un petit compte à régler entre eux deux.

Il va à Pierrot et lui présente le papier qu'il a signé.

Pierrot a son plan. Il s'incline devant Satan et lui dit que c'est fort juste. Il a signé, il doit s'exécuter.

— Mais rien ne presse ! Vous accepterez bien à dîner, cher diable, avant de faire un si long voyage, car c'est loin l'Enfer, je suppose, il est bon de se lester. Asseyez-vous, Colombine va nous servir.

Satan, qui a tous les vices par devoir professionnel, est gourmand et ivrogne. Il accepte l'invitation.

Colombine met rapidement le couvert.

Pendant ce temps, Pierrot plein de prévenances pour son hôte, le débarrasse de son chapeau, de ses gants, de son épée. Il lui demande
si sa queue ne va pas le gêner pour s'asseoir
et s'il veut bien la lui confier aussi.

Satan se met à rire et lui donne une tape
amicale sur la joue. Pierrot y porte aussitôt la
main, en faisant comprendre qu'il est brûlé. Il
s'éloigne comme un chat échaudé. Satan rit de
nouveau et, prenant sa queue, il confie à Pierrot que son pouvoir réside dans cet appendice.

— Heureusement! tu vois, elle est solide. Il
y a longtemps cependant que la plus grande
partie de l'humanité me tire par là!

La table est prête. On s'asseoit. Lunch, pendant lequel Pierrot et Colombine versent conti-
nuellement à boire à Satan. Celui-ci ne sait
bientôt plus ce qu'il fait.

Il prend le bout de sa queue, la trempe dans
son verre, croyant tenir un biscuit et mord à
pleines dents. La douleur lui fait regarder sa
queue avec stupéfaction, il ne s'explique pas ce
qui lui arrive.

De la gaîté, il passe bientôt à la tristesse, il
pleure; enfin sa tête s'alourdit, il tombe sur la
table et s'endort.

Pierrot se lève, prend un couteau, s'assure

14.

qu'il coupe bien et prenant la queue de Satan la lui coupe... assez haut.

La douleur réveille et dégrise le diable. Il voit sa queue entre les mains de Pierrot et furieux, il s'élance pour la lui reprendre, mais Pierrot le fait reculer en lui donnant un coup de sa propre queue sur son propre nez. Satan est impuissant sans son talisman. Il emploie donc la douceur et supplie Pierrot de lui rendre sa queue.

Pierrot accepte à la condition que Satan lui rendra le pacte signé dans la forêt. Satan refuse.

— Pas de pacte, pas de queue ! C'est à rendre ou à laisser !

Satan est forcé de s'exécuter. Il tire le papier et le tend à Pierrot ; celui-ci veut le prendre, mais le diable demande à prendre sa queue en même temps. L'échange se fait ainsi.

Pierrot, joyeux, passe le pacte à Colombine qui le brûle aussitôt. Il prend ensuite une petite bouteille de *colle forte* et il propose à Satan de lui recoller sa queue. Satan le regarde d'un air furieux et refuse.

— A votre aise ! ce que j'en faisais, c'était pour vous. Maintenant si vous voulez l'envelopper dans ce journal, c'est plus commode pour vous en aller.

Satan prend le journal, enveloppe sa queue et la met dans sa poche.

Pierrot lui donne son chapeau ses gants, son épée et lui montre la porte.

Satan, ne pouvant sortir la queue basse, puisqu'il n'en a plus, se contente de courber le dos et de s'en aller en jetant un mauvais regard aux deux personnages, qui esquissent un pas joyeux pendant que le rideau baisse.

FIN

TABLE

Imprimerie générale de Châtillon-sur-Seine. — A. Pichat.

Paris — Imp. Warmont, Palais-Royal.